MARKETING AS WISDOM

我用行銷思維成為搶手的人才

像行銷人一樣思考,找到讓自己發光的獨特賣點,成為職場最強人才、翻轉人生

INOUE DAISUKE
井上大輔 ▶ 軟體銀行宣傳本部的媒體統籌部長

前言

1 活用行銷人的生存術，即使沒有「想做的事」，照樣能發光發熱

有些人的個性，必須藉由「回應他人的期待」才能發揮

眾所周知，當今是崇尚「個人色彩」的時代。

遠端工作快速普及，從事副業也比以往來得容易。藉由網路的「接案工作」（gig work）也越來越普遍。

一般認為，如此多元化的工作方式，對於勞工而言應該是件好事，但換一個角度來看，也可以說是**非常殘忍的事**。當公司都將工作外發給腦袋好、工作能力優秀的自由接案者（freelance），就連行政、業務工作外包給他人也成為一種常態的話，許多人將因此失去他們在公司裡的位置。

只有擁有強烈「個人色彩」的人才能生存。這樣的時代趨勢，比以前更加明顯。

那麼，提到「個人色彩」強烈的人，你的腦袋中會浮現怎樣的人呢？在商界中擁有耀眼成績、舌粲蓮花、活躍於媒體的有識之士——你的腦中出現的是否是這些人的臉呢？

這些人一看就個性鮮明，充滿吸引人的魅力。他們不被常識或社會的習慣束縛，敢於走跟別人不一樣的路。無論商界或公司，都只是他們表現自我的舞台之一。像藝術家那般擁有個人獨特風格的商務人士，更容易受到眾人歡迎。

但這麼一來，**缺乏「足以向人展示的自我風格」**的人，又該怎麼辦才好？

那些天生就不擅長向人表現自我的人，該如何是好？

還有，就算有心想試，卻自覺沒有那個才能，或曾經挑戰過卻鎩羽而歸的人，該怎麼辦呢？

這樣的人，難道天生註定無法擁有強烈的「個人色彩」嗎？

其實並非如此。

這樣的人還有一種生存方式——「了解他人的需求，回應對方的期待」。

不求表現自我，而是追求回應他人的期待。因此，首先你必須先清楚了解對方，徹底思考對方想要的是什麼，然後竭盡所能地回應對方的期待。

本書將這樣的生存方式，稱之為「行銷人的生存術」。因為所謂的行銷（marketing），就是「以對方的需求為出發點」的思考體現。

> **行銷人的生存術 POINT 01**
>
> 所謂「行銷人的生存術」，就是「追求回應他人期待」的生活方式。

像行銷人那樣生存，就能成為「被需要的人」

只要你能「像行銷人那樣生存」，就能成為職場上的搶手貨。

無論任何工作，你要服務的對象都是人。如果從事的是業務或商品研發、廣告宣傳，對象就是顧客。如果從事的是人事或法務、IT（information technology，資訊科技）或採購等事務部門，對象就是其他部門的同事。無論怎樣的職種，在團隊裡工作都必須面對上司跟下屬。

如果你能清楚了解這些工作對象，理解他們的需求，而且「總是能夠」回應他們的需求，你想會怎麼樣呢？**無論你到了哪裡，做的是什麼工作，都能成為被需要且重視的搶手人才。**

況且，所謂的工作，**本就是終其一生在打造「自己這個商品」**，別無其他。決定要在哪個市場決一勝負，理解該領域「需要的」技巧與經驗，並加以精進。這跟行銷人參與商品開發的過程是一樣的，藉由這麼做，我們就能構築**「讓自己造福更多人」**的職涯。

工作的報酬就是你幫人解決問題得到的回報，自然地成為金錢來到你身邊。

這麼做還能讓你**在私人生活也成為被需要的人**。

總是從對方的需求出發，又能理解周遭的人對你的期待，這樣的人自然會成為群體的核心人物。這當然也跟天生的個性有關，而本書所傳授的心態與技巧，完全可以補足一個人在這方面的不足。

而且，在YouTube或社群媒體上發文或發影片，這麼做也有助你創作「觀眾想看」的內容，建立自己的影響力。影響力的多寡，取決於有多少人「需要」你。

唯有成為在各方面都「被需要的人」，才能強化你的「個人色彩」。不是只有像藝術家那樣表現自我才能成為「被需要」的人，也有人是像行銷人那般，**因為理解他人的需求，回應對方的期待，因此成為「被需要」的人**。

如果成功有所謂的祕訣，那就是理解他人的立場，從自己的立場看待事情時，也能同時站在對方的立場。

——亨利・福特（Henry Ford，汽車大王）

《如何贏取友誼與影響他人》（*How to Win Friends and Influence People*，通常又譯為《人性的弱點》）戴爾・卡內基（Dale Carnegie）著、創元社

行銷人的生存術 POINT 02

像行銷人那樣生存，你在①現在的職場、②將來的職涯發展、③私人生活三個方面，都能成為「被需要的人」。

「被需要」才是幸福的本質

像個行銷人那樣生存並且「被需要」，在這個過度競爭的時代，不僅可以讓你養活自己，還能為你的人生帶來充實感。

假設有一個人很喜歡畫畫，如果他硬要把畫畫當作自己的工作，並期望得到主管的認同。這麼做他就會覺得幸福嗎？

主管應該不會希望他這麼做吧。周遭的人也會覺得「那傢伙幹麼老是畫一些沒用的畫？」請想像如果你是那個人會有什麼感想？如果是我，別說覺得幸福，甚至還可能因此產生心病呢。

即使做的是自己再喜歡的事，如果那是任何人都不需要的，絕對稱不上幸福。可以說，「被需要」才是幸福的本質。

工作與幸福都是靠自己的力量掙來的，而非靠你在公司的地位與職稱。若能憑一己之力得到工作與幸福，任誰都會覺得你是擁有強烈「個人風格」的人吧。

因此，你無須強求自己一定要有「強烈的領袖氣質」或「吸引眾人的魅力」。也無關乎你是否有「想做的事」。有時這些反而會成為你的阻礙。

因為，「行銷人的生存術」的出發點，自始至終都不是自己而是對方。

行銷人的生存術
POINT
03

「行銷人的生存術」是讓沒有「強烈領袖氣質」的人，擁有強烈「個人風格」的方法之一。

你不僅要重視自己的利益，也應該重視夥伴的利益。幸福的唯一法門，就是付出比接受還多。
——阿爾弗雷德・阿德勒
（Alfred Adler，因《被討厭的勇氣》一書而聞名的心理學家）

《接受不完美的勇氣：阿德勒100句人生革命》小倉廣解說、繁體中文版由遠流出版、2015年

像行銷人那樣生存，能讓你活出「自我」

那麼，像行銷人那樣回應他人的期待，是否就是扼殺自我的本性呢？

並非如此。

找到唯有自己才能回應的「他人的期待」，以自己的方式回應那個期待。

如果這都不算是「活出自我」的話，那又是什麼呢？

英文中的「天職」一詞是「calling」，源自上帝對我們的「召喚」。

當然，是否相信上帝是個人的事。但是，將他人對我們的「召喚」稱為天職，就是因為多數人都認同這個說法，這個字才會一直沿用下來，成為今日大家都在使用的字彙。

也許，**我們的天職，其實不是由我們決定的**。

如果有想要實現的夢想，你當然可以追求那個夢想。但是，就算沒有那樣的夢想，或是曾經挑戰過、但夢想最後破滅了，也無須因此失意喪志。

這樣的人還是有辦法找到屬於自己的天職＝召喚（calling）。那個方法正是「像行銷人那樣生存」。

這本書並不是為了行銷人而寫的教科書。而是為你介紹行銷的基本思考方式，等你理解之後，再協助你學會「行銷人的生存術」。

本書尤其適合不清楚自己的夢想與使命為何的人，或是因為遭受挫折而迷失夢想或使命的人。原因在於，過去我也曾親身經歷過這樣的挫折，後來因為學會「行銷人的生存術」而改變了人生。

接下來，就跟大家說說我自己的經驗吧。

行銷人的生存術
POINT
04

以自己的方式回應他人的期待＝「活出自我」。

在CEO的面試中，我跟其中一位董事聊時，對方問我：「你想成為CEO嗎？」我的回答是：「如果大家希望我當的話，那我想。」
——薩蒂亞・納德拉（Satya Nadella，微軟CEO）

〔Satya Nadella on the journey to becoming Microsoft's CEO & reimagining technology's impact〕Khan Academy（YouTube）

2 改變人生的「行銷」思維

因為「不表現自己」，反而發光發熱

我目前任職於軟銀集團（SoftBank Group Corp.）的廣告部門。之前曾在紐西蘭航空、聯合利華（Unilever PLC）、奧迪（Audi）、雅虎（Yahoo）等大企業擔任行銷的工作。

另外，我還經常獲邀去其他公司演講或擔任內訓的講師，光是二〇一九年這一年，我在人前與眾人分享親身經驗的機會超過三十次。同年，我還在知名經濟雜誌《週刊東洋經濟》上連載一年的專欄，並出了第二本書。

此外，我還擔任知名商業新聞社群平台NewsPicks ACADEMIA的專業講者、業界活動的主辦成員。不但經常接受雜誌等媒體的採訪，還上過晨間節目的通告，因此有幸得到經營者們的青睞，擔任四家公司的顧問。這可謂是我二〇一九年「副業」活動的高光時刻。

看了這些經歷，各位讀者可能會覺得我是個擁有強烈自我風格的人吧。我也曾被別人說過：「您很致力於打造自我品牌呢。」

事實並非如此。

之所以能得到這些機會，反是因為我壓抑了自我主張與自我，將重點放在對方的需求。在學會這件事之前，我曾經歷過一段再怎麼努力自我宣傳，卻一點都不順利的「黑暗時代」。

❖黑暗的大學時期

從事行銷相關工作的人，過去有不少都夢想能夠成為音樂人。我也是其中一人。

我自小在神奈川縣沿海長大，從小學到國中一直專注於帆船競技，讀高中接觸吉他之後，就此沉迷於音樂。

上大學後，我全心投入樂團活動。即使內心暗自羨慕參加運動類社團的朋友可以盡情享受和女生打成一片的大學生活，我仍堅持走自己的路，音樂跟服裝的風格也變得越來越極端。

我經常去澀谷某家很小眾的唱片行，發掘那些沒人聽過的樂團，並因此沾沾自喜。那時的我，頂著一頭現在看來簡直是懲罰遊戲的怪異髮型，一身奇裝異服昂首闊步走在街上，還覺得當時流行的衝浪風長髮簡直俗氣至極。

當然，我們樂團演奏的曲子，也是沒人懂的前衛風格。同一個社團裡也有演奏ＪＰＯＰ流行音樂的樂團，我卻覺得搞那種迎合大眾口味的音樂，還不如切腹自殺算了。

對當時的我而言，**音樂是「表現自我的方法」**，完全沒考慮到聽的人，還堅信那些覺得我的音樂不好聽的人，是他們自己的品味有問題。現在想來，對當時被迫來聽我現場表演的朋友，還有硬著頭皮陪我去錄音的女友而言，我的音樂簡直是噩夢吧。

偏偏我沒有足夠的才華，足以讓人容忍我自視甚高的態度，樂團一直籍籍無名。眼看著周遭的朋友紛紛以獨立樂團的形式出道，飽嚐挫折與失敗的我，依舊頑固地不肯面對自己缺乏才華的現實，只能慢慢地淡出樂團，跟曾經的戰友漸行漸遠。結果就是，最後我放棄了音樂。

❖ 思考「觀眾聽了才什麼會開心？」

時間快轉來到二十年後。

二〇一八年，我和同樣玩過樂團的行銷人朋友，召集親朋好友辦了一場音樂活動。我也組了樂團，擔任吉他手和主唱。

那時我們表演的是將長渕剛（譯註：日本創作歌手，曾發行過許多暢銷名曲，其中〈乾杯〉和〈蜻蜓〉兩首歌由歌手姜育恒與小虎隊的改編演唱，成為華語歌壇的經典）的曲子改編為龐克風的歌曲。但老實說，我既不是長渕剛的超級粉絲，也不是特別喜歡龐克搖滾。

選擇曲目時，我先考慮到的是**可能來參加音樂會的朋友們**。然後思考**我該怎麼做，他們才會開心**。

我最後得出的結論是，如果要讓同一世代的朋友跟著哼唱，開心地跟著打拍子，能讓大家一起活動身體的快節奏曲子應該比較適合。因此，我想出了「改

對他人絲毫不關心的人，其人生必將充滿苦難，並給他人帶來極大的麻煩。人類的所有失敗皆源自這些人。

——阿爾弗雷德・阿德勒

（Alfred Adler，因《被討厭的勇氣》一書而聞名的心理學家）

《如何贏取友誼與影響他人》（*How to Win Friends and Influence People*，通常又譯為《人性的弱點》）戴爾・卡內基（Dale Carnegie）著、創元社

編成麗克風的長渕剛」。

活動當天盛況空前，非常成功。直到現在還有人會跟我說：「那天你表演的長渕剛，真的很棒！」那時我也玩得很開心，現在還會跟當初參與活動的朋友們一起定期聚會喝酒聊天。

經過了二十年的歲月，大家可以看出我對音樂的態度完全不同了吧。二十年前的我是以自己為出發點，**二十年後則是以觀眾的需求為出發點**。

之所以會產生這樣的變化，原因別無其他，就是「行銷人的觀點」。

行銷人的生存術
POINT 05

有些人會因為壓抑自我，反而開始發光發熱。

從對方需求出發的「行銷人觀點」，能讓你發光發熱

❖企畫就是「以他人為主」的「接待」

雖說如此，我並不是一開始做行銷，就能學會這樣的觀點。

即使對音樂還有留戀，我仍然選擇了就業，而且是感覺很華麗的廣告相關工作。但是，一開始我依舊無法拋捨在工作上「表現自我」的想法，因此遲遲無法得到想要的好成績，只能天天在暗中摸索。

此時有一件事，成了我的職涯轉捩點。

當時，我在外商企業負責廣告的企畫工作。

某天，國外總公司的高層來日本分公司視察，由我負責接待對方。當時外籍上司對我說，「entertainment」這部分就交給你了。

英文中的接待是「entertainment」。第一次知道這件事的我，有一種眼界突然開闊的感覺。

原來如此，entertainment就是接待啊！

想要做好接待，當然要從對方的需求出發，讓對方開心。了解對方，站在對方的立場，盡一己之力滿足對方的需要。這就是entertainment的真正意義啊。

廣告也是同樣的道理，之所以要做得夠酷夠有趣，是為了吸引觀眾的興趣，引發對方的好感，最後決定掏出錢購買商品。為此，**首要之務就是先讓對方感到愉快**。這就跟招待客戶打高爾夫球是同樣的道理。

在那之前，我只顧著向別人證明自己多有創意，但光靠創意，企畫是無法成功的。

這就像只顧自己的個人興趣，帶喜歡打高爾夫球的大客戶去澀谷的俱樂部看樂團表演一樣，對方應該不會覺得開心吧。我之前在企畫的工作上就是犯了這樣的錯誤。

❖當我發現應該「從對方的需求出發」，一切都改變了

當時我已經讀了好幾本行銷相關的書籍，之後回想起來，這些書都有一個貫穿全書的主題——**從顧客的需求出發**。從前的我只是讀完書就滿足了，卻從

未將這個道理真正活用在工作上，我為那樣的自己感到羞愧。

發現這一點之後，我所提出的企畫案，成功的機率大增。站在對方的觀點努力滿足他的需求，「接待」會順利也是理所當然的。

隨著在工作上做出成績，業界的知名度也提高之後，開始有人挖角我。我定期都會收到跳槽的邀請，而考量跳槽與否的判斷基準，也從「哪一邊可以讓我表現自我」轉為「哪一邊可以讓我幫助更多人」。重點就是，「**覺得猶豫的話，就選擇能造福更多人的那一方**」。

在職涯發展的過程中，如果你能從對方的需求出發，比起「表現自我」，更重視「幫上對方的忙」，你的升遷速度將出現明顯的變化。

此外，「從對方的需求出發」的觀點若能夠擴大到工作以外的其他範圍，**甚至連人生都可以改變**。

在人前說話時，我開始著意去了解聽眾，理解他們的需求是什麼。沒想到這麼一來，我竟然收到了許多演講或內訓講師、節目通告的邀約，邀約多到幾乎無法當作副業來經營。

寫文章的時候，我也會從讀者的觀點來構想，經常思考讀者的需求是什麼。沒想到我的部落格受到矚目後，開始有媒體邀稿或請我擔任連載作家，最後甚至有出版社邀我出書。

就連社群媒體的追蹤人數，也從原本的數百人成長為數萬人。

❖行銷人的觀點能活用在「人生所有方面」

也就是說，透過這樣的心態轉變，我變得比之前「更被人們需要」。

雖然我的履歷還不到可以稱為「成功人士」的程度，但跟學生時代以及剛成為社會新鮮人那個時候相比，如今的我，每一天都有滿滿的充實感。

我知道自己沒有特別的才華。如果有的話，我那拚命追求自我表現的學生時期，以及剛成為社會新鮮人的那段日子，就不會成為我人生的黑暗時期。

我之所以能成為「被需要的人」，多虧從暗黑時期到現今這二十年之間體會到的「行銷人的生存術」。我想在本書中毫無保留地跟各位分享這些生存智慧。

人的人生其實是跟其他許多人的人生連在一起的。所以，當那個人不在了，那裡就開了一個不得了的大洞。
——克拉倫斯
（電影《風雲人物》中的天使長，看著主角喬治不在的架空世界時說的台詞）

電影《風雲人物》（*It's a Wonderful Life*）

理解到行銷的本質之後，我將它運用在工作，一再地做出好成績。將行銷的智慧擴及到生存方式，讓我得以重新審視自己的職涯規畫。不僅如此，我個人的對外宣傳及嗜好發展，也因此變得更充實。

藉由這一切，我發現了好幾處「只有我才能填滿的、這個世界的空缺」。將世界比喻成一塊大拼圖的話，你會發現上面少了好幾片。即使這個世界已經變得如此豐足方便，在你看來仍有許多覺得困擾的事、煩惱的事、希望別人能夠幫你一把的事吧。

人們心中的空虛就是世界拼圖上的缺片，**想要填滿世界拼圖上欠缺的拼片，除了「造福他人」以外，別無其他。**

有些人的能力和才華，跟世界拼圖正中央缺的某一大塊剛好吻合。有些人能夠填滿的，也許只是位於角落的一小塊。

無論大小，每一個人都是這世界不可或缺的重要拼片。

你一定也能找到只有你才能填補的「世界拼圖上缺少的那一片」。

接下來，讓我們透過這本書，一起找出屬於你的位置吧。

再小的任務都無所謂。人們唯有覺察到自己的人生任務，才會真的覺得幸福。

——安東尼 · 聖修伯里（Antoine de Saint-Exupéry，《小王子》的作者）

《風沙星辰》（*Terre des hommes*）
安東尼 · 聖修伯里（Antoine de Saint-Exupéry）著、光文社

行銷人的生存術
POINT 06

所謂「行銷人的生存術」，就是找出只有你才能填補的「世界拼圖上缺少的那一片」。

前言

PART 1

造福他人，提高自我價值的「行銷人的生存術」思維

CHAPTER 1

CHAPTER 2

STEP 3

結語

THE ESSENCE OF MARKETING

PART 1

造福他人，提高自我價值的「行銷人的生存術」思維

CHAPTER 1
「行銷」是一門「思想」

1 所謂行銷，就是設計「價值交換」的過程

「行銷」的定義

在此我要再次聲明，本書並非行銷的專門教科書。如果你認為行銷跟自己無關，建議你更要讀這本書，將行銷知識作為生存智慧，活用在「工作」、「職

涯」、「人生」上。

不過，應該沒有人跟行銷完全無關。

只要看過本書對行銷「定義」的解讀，各位應該就可以理解這一點。因此，本書所介紹的行銷技巧，大多跟各位的日常生活息息相關。

有一個組織名叫「美國行銷協會」（American Marketing Association）。行銷本就源自美國，該組織可說是行銷的正宗嫡派。關於行銷的「定義」，我們先看看正宗嫡派是怎麼說的。

在此先跟各位預告，文字的說明非常艱澀難解，請各位千萬別因此卻步，一開始就算看不懂也無妨。

【行銷的定義】

所謂行銷，是將對顧客、工作夥伴、社會全體而言有價值的提供物，進行創造、傳達、搬運、交換這一連串動作的活動、組織及過程。

這段文字別說不好讀，根本看不懂到底想表達些什麼吧。不過，真不愧是正宗嫡派，仔細閱讀這段文字，反覆思考吟味以後，這段定義可說是精確地掌握了行銷的本質。接下來我會加上具體的例子，帶各位一起解讀行銷的本質。

這段定義如果拆成以下三個重點，是不是變得好懂一些。

【重點1】所謂行銷……進行一連串動作的活動、組織及過程

行銷一般容易被歸為行銷部或廣宣部的工作。

但是，要實踐行銷的工作，不必非得是「專門組織」不可。應該說，就算不是行銷「組織」的一員，只要與其「活動」或「過程」有關，都算是參與行銷的工作。

無論你身在公司的哪個部門，從事怎樣的工作，其中都有可稱之為「行銷」的「活動」或「過程」。

【重點2】所謂行銷……以顧客、工作夥伴、社會全體為對象

提到「行銷」，大多數人會認為這是以「顧客」為對象的商業活動。

但是，行銷的對象不必非得是「顧客」不可。凡是企業舉辦的徵才活動、大學招生、政治人物拉票、慈善團體募款，全都有可以稱之為行銷的活動或過程。

實際上，大學教學所使用的行銷教科書中，還會另立章節說明慈善團體或政治團體的行銷活動。

【重點3】所謂行銷……創造、傳達、搬運、交換對顧客、工作夥伴、社會全體而言有價值的提供物

那麼，「可稱之為行銷的活動或過程」，具體來說是什麼呢？

這才是最大的重點。

用一句話簡單來說，就是創造價值，然後進行該價值的傳達、送達、交換。

❖所謂行銷，就是「創造價值，然後傳達、送達、進行交換」

在此以「捐款」為例說明：某動物保護團體，為了妥善管理地區內的浪貓，預備籌措捐款。

這個團體所要**創造的價值**是「打造讓貓咪幸福生活的社會」。為了實現這個目標，他們訂立了運作規則，並用海報等**廣為宣傳**活動。看到這些宣傳的愛貓人，將自己手上的錢，與該團體提倡的「打造讓貓咪幸福生活的社會」進行**價值交換**。團體使用募集到的捐款，實際推行讓浪貓可以跟地區共生的活動，並定期向支援者報告活動狀況，藉此**送達價值**。

透過一連串的活動，這個團體創造了價值，然後傳達、交換並送達給對方。

這一連串的操作就是「行銷活動」。

但是，這個團體中並沒有行銷的專門組織。而這個團體在做的，也不是以顧客為對象的商業活動。

然而，**創造價值，將其傳達、進行交換，最終送達給對方，這一連串活動**

與過程的設計，就可以稱之為行銷活動。

行銷人的生存術
POINT 07

行銷的本質就是「創造價值，然後傳達、送達、進行交換」。

行銷的四個階段

這麼一想，各位日常的工作或活動中，是不是也有行銷的元素在內呢？或者說，其實工作本身就是行銷。

前面提過，行銷是從對方的需求出發，造福對方，成為對方需要的人。

這句話解釋得再詳細一點，可以這麼說：創造對方需要的價值，將價值傳達給對方，與對方手上的其他價值交換。

造福對方，就是創造出對於對方有價值的東西。對方願意拿他有的價值與你交換，代表你所創造的價值是他需要的。

也就是說，立志「像行銷人那樣生存」的我們應該達到的具體目標是「創造對方需要的價值，將價值傳達給對方，與對方手上的其他價值交換」。

本書以這樣的想法為基礎，將行銷分為以下四個步驟：

1：定義市場
2：定義價值
3：創造價值
4：傳達價值

「1：定義市場」就是，決定提供價值的對象是誰。

想過得輕鬆一點？那麼，你要做的不該是「自己想做的事」，而是「自己該做的事」。
——班傑明・富蘭克林（Benjamin Franklin，美國建國者之一）

《窮查理年鑑》（*Poor Richard's Almanack*）
班傑明・富蘭克林（Benjamin Franklin）著、Seven Treasure Publications

對某人而言價值千金的珍藏逸品，在他人眼中可能是毫無價值的垃圾。因為價值是「由對方認定」的東西。

自己所要創造的價值，到底是以誰為對象？這是行銷活動的先決條件。

「2：定義價值」就是，深入探求對方的需求是什麼。

對方的痛點在哪裡？他想要的是什麼？自己又可以用怎樣的方式去解決他的問題或滿足他的需求？以上是這個階段應該仔細考慮的事。

「3：創造價值」就是，將定義好的價值化為有形的事物。

光是定義，當然無法產生實際的價值。要想實現該價值，必須將其化為商品、服務或內容等有形的事物。

「4：傳達價值」就是，將你已實現的價值好好地傳達給對方。

當你好不容易做出可以解決對方問題、滿足對方需求的價值，如果對方不知道這件事，還是無法幫上對方的忙。

傳達價值，是造福對方不可或缺的過程。

接下來本書將針對每個階段進行詳細的解說。在此我想先告訴大家的是，**這四個階段跟各位的工作有密不可分的關係。**

只要知道這個道理，你就能自己創造機會，實踐行銷的思考與技巧。

我在工作、職涯發展及個人對外的網路發文，之所以會習慣以對方的需求作為思考的出發點，其實可以說是行銷人的職業病。希望各位也能藉由親身的實踐，養成行銷人「正面的職業病」。

行銷人的生存術
POINT 08

行銷可分為「定義市場」、「定義價值」、「創造價值」、「傳達價值」四個階段。

2 行銷是造福眾人的「思想」

「行銷」是日文裡沒有的概念

日文中有許多英文單字直接轉化為日語；英文中也有許多日文單字直接轉化為英語。

無論是英語直接當日語用，或日語直接當英語用，為什麼會發生這種情況呢？這是因為自己國家的語言中，沒有與其相對應的單字。

用食物來舉例的話，應該比較容易理解。像是海苔或壽司，英文就沒有相對的單字。英語圈中之前並不存在類似的東西，可以說是全新概念的食物，所以英文直接延用日文發音「nori」（海苔）和「sushi」（壽司）。

同樣道理也適用於思想或想法，例如「mottainai」（譯註：日文意為「惋惜」）

或「ikigai」（譯註：日文意為「生存的意義、人生的動力」）。因為這是日本特有的概念，英文無法找到與之對應的單字，所以日文的發音直接當成英文使用。

日語發音直接當成英文用的思想或想法當中，目前商界中已經固定使用的就是「kaizen」（譯註：日文意為「改善」，後來衍生為「持續改進」的意思）一詞。

高度經濟成長時期，豐田（Toyota）生產的汽車席捲全世界，吸引美國學者開始研究其生產方式，其中備受美國學者矚目的就是「kaizen」（持續改進）一詞。今井正明（Masaaki Imai）在一九八六年於美國出版的著作《KAIZEN》，也為這個單字的普及帶來了極大貢獻。

這裡所說的「kaizen」是「全體人員」、「每天一點一滴」、「讓所有的程序」變得越來越好的思維。

在那之前，英語圈的製造現場並不存在那樣的概念，而是將「設計和改進作業程序的人」與「遵從改進方針的人」明確分為兩個部門。因此，遵從改進好的程序而行動的人，其實就等同於機械的一部分。

相對於此，「kaizen」則提倡所有從業人員都是會思考的人而非機械，所有人都應該主動參與所有程序的改進，即使只改善了一點點也好。這些「一點一滴」的改進累積起來，聚沙成塔，最後就能拉開自己與他人的差距。

因為這是以往為止的英語圈中不存在的新觀念，因此日文中的「kaizen」一字才直接被納入英語，意指「持續改進」。

❖「行銷」是既有的日語無法翻譯的概念

「行銷」（marketing）則是跟「kaizen」（持續改進）剛好相反的例子。也就是說，**既有的日語中沒有與其相對應的單字，所以無法用日文來翻譯**（譯註：現今日文中代表「行銷」的單字「マーケティング」是源自英語marketing的外來語，日文中的外來語皆用片假名標示）。

「kaizen」（持續改進）原本是豐田汽車的製造現場催生的詞彙，其適用範圍後來超出製作現場，擴及至整個商界。最後還擴及其他的業種，連心理諮詢或教練（coaching）、行政等商業以外的領域也會使用。

為什麼會有這種演變？原因在於「kaizen」不單只是工作技巧，而是扎根於對人類深入理解的「思想」。

行銷也是同樣的道理。這個字本來是源自商品企畫與廣告宣傳的思考方式，如今已超越其原本狹窄的領域，擁有足以改革所有工作的進行方法與樣貌的力量。

從對方的觀點來定義價值，創造價值，並傳達給對方，藉由彼此價值的交換，來達到雙方在物質及精神方面的豐足。所謂的行銷，就是這樣的一門「思想」。

「kaizen」不是「負責改善的部門」才能做，也不是只有這個部門才做得到。應該說，這是從社長到工廠的工作人員，公司的全體成員都應該放在心上的事情。

行銷也是同樣的道理。各位還記得行銷的定義嗎？其中提到「所謂行銷……進行這一連串動作的活動、組織及過程」。

從社長到工廠的工作人員，全體成員「從顧客的需求出發」，有時以組織的形式，有時以活動的形式，有時以過程的形式，名為行銷的「思想」存在於公司的各個方面。

行銷人的生存術
POINT 09

所謂行銷，是所有職種的人都可以活用的「思想」。

行銷也可以成為「生存智慧」

將行銷的思想當成「生存智慧」活用在工作、職涯、個人生活，正是本書的提案。不是從自己的需求，而是從對方的需求出發，深入了解他的需求，藉由提供他需要的價值，幫上他的忙。

正如「自由主義」或「民主主義」這類思想沒有對錯，只有共鳴與否。行銷這樣的思想也是同樣的道理。

每一個思想都會有與其相對立的思想。例如：有「小政府主義」就有「大政府主義」，有「革新主義」就有「保守主義」。有將工作流程中的每個人員視為人體一部分的「kaizen」（持續改進），就有將工作人員視為機械零件一部分的「科學化管理法」。

❖「像藝術家那般生存」的想法

提到與行銷思想對立的思想，應該就是「藝術主義」。

這裡所說的「藝術主義」，是重視「自我」、「內部力量」、「才能」的思維方式。發掘沉睡在自身內部的才能，將其解放，讓世人驚豔，「藝術主義」崇尚的是這樣的生存方式。

這樣的生存方式追求的不是他人對自己的期待，而是自己想做的事情。藝術主義者會對「我活著不是為了別人，而是為了實現自我」這樣的話產生共鳴。與「像行銷人那樣生存」對立的生活方式，應該就是「像藝術家那樣生存」。關於兩者的區別，請參照下頁圖表1的對照內容。

我並非否定「像藝術家那樣生存」的方式，過去的我一直信奉這樣的生存

同時保持謙虛與野心的唯一方法，就是為了謀求他人的福利而燃燒你的野心。

——約翰．漢尼斯（John LeRoy Hennessy，

史丹佛大學榮譽校長，Google母公司Alphabet公司董事會主席）

《這一生，你想留下什麼？：史丹佛的10堂領導課》（*Leading Matters: Lessons from My Journey*）約翰．漢尼斯（John LeRoy Hennessy）著、繁體中文版由遠見天下文化出版、2018年

方式，即使現在仍覺得能那樣活著很帥。

擁有才華能夠吸引大眾的人，追求的是「像藝術家那樣生存」，他們會被成功人士改變世界的故事打動。會拍成電影或連續劇的，往往就是「像藝術家那樣生存」那些人的故事。因此，我們可以理解為何許多人都想成為那樣的人。

注重個人色彩，能以不被常識束縛的新奇發想撼動世界，這樣的異色人才能夠成為時代的領航員，受到眾人的崇拜與讚賞。不過，在這個標榜人人都該活出自我發光發熱的時代，我想應該也有人會覺得壓力很大吧。

圖表1　兩種生存方式

	像行銷人那樣生存	像藝術家那樣生存
出發點	對方	自己
目標	為他人解決問題	表現自我
個性	用自己才做得到的方法，實現造福世人的目標	解放自己的才華，讓世人都看到，藉此實現自我
天職	別人的需求（calling）	自己想做的事
鼓舞他們的話	用自己才做得到的事，補足這世界欠缺的部分	活著不是為了他人，要為自己而活

❖「像行銷人那般生存」的信念

但實際上，擁有「能吸引大眾的才華」的人，畢竟只有少數。

缺乏這種才華的人，又該怎麼辦？

因為自己遠遠不如「有才華」的成功人士而沮喪的人、明明努力了夢想卻依舊破滅的人、連自己的才華是什麼都不知道的人……，這些人難道就沒有可以發光發熱的方法嗎？

有。就是「像行銷人那樣生存」。

這世界一定存在著只有你才能夠補足的一角。就算不是「足以吸引大眾的才華」，每個人還是有專屬於自己的特別才能。

而發現這個才能的方法，就是擺脫「表現自我」的魔咒，「從對方的需求出發」，也就是像行銷人那樣生存。

「像藝術家那樣生存」的人，他們的人生充滿戲劇化，足以打動觀眾的心。那是因為這些藝術家活出他們的自我信念。

拯救一條靈魂的人，應該受到與拯救全世界同樣等級的尊敬。

——維克多．法蘭可（Viktor Emil Frankl，

心理學家，以《活出意義來：從集中營到存在主義》一書聞名）

《意義的呼喚：意義治療大師法蘭可自傳》（*Was nicht in meinen Buchern steht : Lebenserinnerungen*）維克多．法蘭可（Viktor Emil Frankl）著、繁體中文版由心靈工坊出版、2017年

但我同時也相信，「像行銷人那樣生存」的人，其人生的戲劇化程度同樣不輸藝術家。因為我們也有屬於自己的信念與思想。

沒錯，行銷既是一種思想，也是一種信念。

> 行銷人的生存術 POINT 10
>
> 像行銷人那樣生存，是缺乏「能吸引大眾的才華」的人也能發光發熱的信念與思想。

「像行銷人那樣生存」的藝術家

說行銷「是一種思想」，意指其泛用性，「泛用性」就是可以應用在所有人或場合。

舉例來說，即使在崇尚「像藝術家那樣生存」的大本營音樂界裡，也有因為「像行銷人那樣生存」而大放異彩的藝術家。

西野加奈（譯註：日本流行音樂人氣女歌手，於二〇〇八年出道，二〇一九年宣布無限期暫別樂壇）是我最敬愛的音樂人之一。西野小姐在二〇一四年十一月二十五日「Sponichi Annex」（譯註：Sports Japan 新聞社的官方網站，專門報導體育、娛樂界的相關新聞）的採訪中，說明了自己作詞的過程。

> 我會請人先作曲。然後從曲風思考該寫成怎樣的歌，先把概要寫下來。接著加上一個長長的歌名草案，設定主角後再寫歌詞。寫歌詞時我也會先寫得很長，接著再做市調。這一點非常重要。我會根據市調的結果，進行歌詞的修改，將關鍵詞句放在副歌或副歌的轉折前後。歌名也會進行調整後再改短。

這個過程**跟大型民生消費品企業開發商品的流程很類似**。

西野小姐似乎不曾在這樣的企業工作過，這應該是她原創的作詞法。大型民生消費品企業花費數年累積無數失敗和成功的經驗，最終才確定這樣的流程，西野小姐只憑一己之力就能想出這個方法，著實令人佩服。

不過，**對於成功的大型民生消費品企業與日本代表性的藝術家，最終到達同一個結論這件事，我並不感到驚訝**。因為兩者的目標是一樣的。

兩者的目標都是「生產好東西讓更多人開心」。因為貫徹了這樣的想法，寶僑公司（P&G，Procter & Gamble Co.）和聯合利華（Unilever PLC）才能成為世界級的民生消費品企業，西野小姐才能成為日本代表性的藝術家。

社群媒體上也有人批判西野小姐的作詞方法，認為她為了寫出暢銷歌曲，扭曲了自己身為藝術家的信念。而肯定西野小姐的人則認為音樂也是一門生意，即便是專家有時也需要妥協。

在我看來，兩方的意見都不正確。因為我認為西野小姐**以市調創作歌詞的方法，正是出於她「自己的信念」**。她並非扭曲自身的信念來取悅大眾，而是她的信念本就希望讓大家開心。

脫離痛苦的方法只有一個。就是讓他人開心。思考「自己可以做些什麼」，然後實踐即可。

——阿爾弗雷德·阿德勒

（Alfred Adler，因《被討厭的勇氣》一書而聞名的心理學家）

《接受不完美的勇氣：阿德勒100句人生革命》小倉廣解說、繁體中文版由遠流出版、2015年

❖「好壞的基準」不在自己，而是在「對方」

在同一場採訪中，西野小姐還這麼說：

> 比起固執於自己的堅持，我更想寫出好歌。

從這句話，可以看出她認為**定義「好歌」的不是自己而是別人**。那麼是誰來定義歌的好壞呢？當然是聽歌的人。她並非刻意去取悅聽眾，**而是她想創作的「好歌」定義本就跟人不同**。

在此，我可以感受到她一貫的中心思想。好歌的定義，也就是歌的價值，只存在於聽歌的人。所以，透過市調聽取聽眾的意見，並加以採納，才能創作出「好歌」。

用這個方法創作出來的歌之所以成為暢銷金曲，不過是創作了「好歌」的結果。西野小姐想創作的不是暢銷金曲，而是**根據自己的信念創作出的「好歌」**。

西野小姐的生存方式，是不是既帥氣又戲劇化呢。

我想，各位應該已經注意到了吧，**她的創作理念正是行銷思想**。

「如果可以擁有一種特殊能力，那妳想要什麼？」
「療癒人心的能力。」
——泰勒斯（Taylor Alison Swift，音樂人）

「對泰勒斯的73個提問——比佛利山莊的自家大公開｜73 Questions」
VOGUE JAPAN（YouTube）

行銷作為一門思想，泛用性極高。這樣的思想有時能創生出世界級的大企業，有時會催生出當代最具代表性的暢銷金曲或藝術家。

最重要的是，將行銷的思想作為自身的信念，並且貫徹到底。

這麼一來，我們的人生也能不輸「像藝術家那樣生存」的那個名人或意見領袖，活得既帥氣、戲劇化又充實。

行銷人的生存術 POINT 11

「像行銷人那樣生存」與「像藝術家那樣生存」不過是思想上的差異，兩者並沒有優劣或高低之分。

CHAPTER 1

TRY

BUSINESS 商業

列出你平常的工作中可稱之為「行銷」的部分。

CAREER 職涯

思考自己要「像藝術家那樣生存」
還是「像行銷人那樣生存」。

PRIVATE 私人生活

列出你的嗜好或義工活動中可稱之為「行銷」的部分。

CHAPTER 2

行銷是「人類智慧的結晶」

1 為了「理解對方，回應期待」，人們進行了大規模的實證研究

在本書中，前面已為各位說明「像行銷人那樣生存」的意義。接下來，我們將一起思考該怎麼做，才能「像行銷人那樣生存」。

所謂「像行銷人那樣生存」，是經常從對方的立場出發，理解對方的需求，

回應他的期待。但光是知道最理想的做法，依舊還是不夠。

「理解對方的需求，回應他的期待」說來簡單，「對方是誰？」、「他的期待是什麼？」、「該如何回應他的期待？」當你逐漸深入挖掘這些問題，會發現這些問題其實不是那麼簡單就能找到答案。

當你問超級成功的公司社長：「請問您的成功祕訣是什麼呢？」對方可能會回答：「就是理解顧客的需求，回應對方的期待，僅此而已。」

但是，並不是知道這個祕訣，每個人就能變得超級成功。因為**「理解顧客的需求，回應他的期待」，做法其實有許多種變化。**

而行銷就是**徹底挖掘這些「做法」的「實踐智慧」**。

前面提過「行銷是一門思想」，但光是空談思想沒有意義，因為這樣只會成為「空想」。

我們不能只是夢想著理想的烏托邦，**在高揭理想的同時，還要深入去思考該怎麼做才能實現夢想**。這樣的知性活動，稱之為「思想」。

能夠永續成功的人，都自覺到一件事：拚命地服務周遭的人，自己也將受益。

——傑瑞．薄樂斯（Jerry I. Porras，《成功長青》作者）

《成功長青：每個人都可以活出不平凡的人生》（*Success Built to Last: Creating a Life That Matters*）傑瑞．薄樂斯（Jerry I. Porras）、斯圖爾特．埃默理（Stewart Emery）、馬克．湯普森（Mark Thompson）等著、繁體中文版由台灣培生教育出版、2007年

行銷不是「空想」而是「思想」。因為它具備了可供實踐的知識。這些實踐知識，**是全世界的企業數十年來不斷嘗試「理解顧客需求，回應其期待」的諸多做法，經由如此大規模的實證研究才得到的成果。**

無論是企業或個人，當然沒有理由不活用這門知識吧？

接下來在PART 2，我將帶各位瀏覽一遍行銷的實踐知識。同時為大家解說將行銷人的生存智慧擴展到個人的生存方式，以及你的「工作」、「職涯」或「人生」將產生怎樣的變化。

> **行銷人的生存術 POINT 12**
>
> 行銷是全世界的企業數十年來不斷嘗試「理解顧客需求，回應其期待」的做法，經由大規模實證研究，好不容易才得到的實踐知識。

2 關於行銷的三個誤解

在PART 2具體說明行銷的各項「實踐知識」之前，如果能先掌握其全貌，理解起來也比較順暢。也就是對行銷的本質（核心）及「從哪裡到哪裡屬於行銷」的守備範圍具備基本的概念。

光是告訴你行銷就是「定義市場」、「定義價值」、「創造價值」、「傳達價值」，各位應該還是無法掌握具體印象吧？

行銷這個詞彙，很容易遭到誤解。甚至有人會直言自己討厭行銷，細問其理由，會發現這些人其實只是誤解了行銷的「本質」或「守備範圍」。

因此，我們將在CHAPTER 2為各位解開世間流傳已久的「對行銷的誤解」，讓大家更具體地理解行銷的本質與守備範圍。

解開關於行銷的三個誤解之後，我們會先為大家介紹行銷的實踐知識中最具代表性的三項，並以具體的案例說明，讓各位想像一下，這些實踐知識將如何改變你的「工作」、「職涯」與「人生」。

誤解1：行銷就是廣告宣傳
↓提高商品力也是行銷

詢問討厭行銷的人，會發現他們之中很多人都認為「行銷＝宣傳」。「最近很多偶像都不是靠實力而是靠行銷走紅，但我喜歡的是以歌曲一決勝負的實力派歌手。」我曾在社群媒體上看到這樣的意見。我可以理解對方想表達的意思，但身為一個行銷人，這樣的發言我仍然不太能認同。

討厭行銷的人口中的行銷，指的「只是」握手會或上電視通告這類的宣傳活動。

其實，所謂的行銷，是以該提供怎樣的價值作為出發點，定義價值，並實際創造出價值的過程。說自己討厭行銷的人，其認同的價值是「靠歌曲一決勝負」的「歌曲本身」。但「靠歌曲一決勝負」，其實也在行銷的範疇之內。

而且，即使創作了很棒的作品，倘若無法將這件事傳達給對方，結果還是無法實現對方眼中的價值。宣傳也是實現價值非常重要的一部分，關於這件事，我們將在接下來的「誤解2」中詳細地說明。

❖廣告宣傳只是行銷的「一部分」

即使是不太清楚行銷的人，還是有不少人聽過「行銷４Ｐ」吧？這是埃德蒙・傑羅姆・麥卡錫（Edmund Jerome McCarthy）在一九六〇年提倡的理論。

這個理論放在現今雖然有些過時，依然經常出現在行銷的入門書裡。以下就是「行銷４Ｐ」：

Product（商品）：要製作什麼？
Price（價格）：要賣多少錢？
Place（販賣通路）：在哪裡販賣？
Promotion（宣傳）：如何讓顧客知道？

宣傳活動只占行銷全體的四分之一。

順帶一提，CHAPTER 1也說明過，本書中將行銷分為以下四個階段：

1：定義市場
2：定義價值
3：創造價值
4：傳達價值

跟4P相比，缺少了「Price（價格）」、「Place（販賣通路）」，將「Product

（商品）」細分為三項。這是「行銷負責人」以外的人也能活用，將其應用在工作或生存方式，更精準地切中行銷本質的精華版。

而宣傳包含在「傳達價值」之內，在此也是占全體的四分之一。

無論如何，各位現在已經明白「行銷＝宣傳」是極大的誤解吧。

行銷人的生存術 POINT 13

宣傳不過是行銷的一部分。

誤解2：只要能夠做出好商品，根本不需要行銷

↓不為人知的「好商品」多如牛毛

誤解2的前提是誤解1。

實際上，製作出好商品也是行銷的一部分，而何謂好商品的基準，回過頭來徹底思考這一點，也是行銷的一部分。

在此我們先不提這部分，只思考一件事：「只要製作出好商品，真的就不需要廣告宣傳嗎？」

我可以斷言：**這樣的想法是錯的**。

根據國稅廳的《清酒製造業的概況（平成三十年度調查）》，日本全國有一千三百七十一家日本酒製造廠商。若以品牌來計算的話，數量應該還會翻倍。

你是否曾在百貨公司的地下超市或旅途中偶然喝到超級美味的日本酒呢？日本酒製造廠商有許多老店，他們花費了數十年、數百年的時間打磨自家酒的味道，自然有很多優秀商品。

但是，我們知道其中的多少品牌呢？

如果不是特別喜歡日本酒的人，應該一隻手就數得出來吧。說到「超級暢銷商品」等級的話，我能想到的頂多只有「獺祭」、「而今」、「十四代」。

那麼，除此之外的品牌「就不是好商品」嗎？即使不是熱銷的商品，我也無法斷言，這些職人用靈魂釀造出來的日本酒不是好商品。

日本的傳統工藝品中，有許多凝縮了職人的絕技與心意的「真正好物」。即使如此，很多傳統工藝，依然瀕臨能否存續的危機。

從這樣的狀況我們可以知道：就算是「真正的好東西」，如果沒有機會讓更多人知道，還是會賣不出去。

❖ 口耳相傳的背後，隱藏著「拚命的努力」

如果已經製作出「真正的好東西」，更應該好好傳達其價值，讓更多人知道。

所謂的「好好傳達」不一定非得砸大錢。很多地方媒體或網路廣告只需花費小額金錢。

有些品牌也是在社群媒體花上好幾年的時間持續對外發文宣傳，隨著粉絲逐漸累積，終於獲得大眾的認同。而請媒體報導或邀請名人討論分享，也是宣傳的方法之一。

那些看似只因為口耳相傳而急速爆紅的暢銷商品，背後一定存在著為了**讓大家知道商品的優點而付出的「拚命努力」**。總是大排長龍、很難買到的某超人氣甜甜圈店，聽說在成為大眾的話題之前，曾出動全公司的員工在電視台前贈送試吃甜甜圈。他們之所以這麼做，就是希望能遇到綜合資訊節目的製作人，讓自家商品有機會在節目上曝光。

這樣的「拚命努力」通常不會對外公開。因為製作方想讓大家將焦點放在「商品本身的力量」，不會將在宣傳這方面下的工夫公諸於世。

因此，我們才會只注意到「口耳相傳」的結果。**製作完就能坐等好結果的熱銷商品，其實根本不存在。**

❖重視宣傳的知名經營者們

跟伊隆・馬斯克（Elon Musk）等人一起創建PayPal的彼得・提爾（Peter Thiel），不僅是一名創業家，同時也是知名投資人。其知名事蹟是早早就發現臉書（Facebook）的可能性，並藉由投資臉書得到了鉅額的財富。

他在其著作《從0到1：打開世界運作的未知祕密，在意想不到之處發現價值》（*Zero to One*）中，說了以下這段話：

> 矽谷（Silicon Valley）的宅男們（nerds）對廣告、行銷、業務抱持懷疑的態度，認為這些操作既膚淺又不合理。但是，廣告實際上確實有用。廣告的確有其效果。

「宅男們」這個說法有些過頭，應該是因為他不喜歡這群人輕視廣告的態度吧。

松下電器（Panasonic，在台灣又稱「國際牌」）的創始人松下幸之助先生也曾如此說過：

> 我們商人和產業人有義務讓消費者知道「用了這個商品，不但方便而且對你好處多多」。為了盡到這個義務，所以需要做「宣傳」。做出值得讓人知道的商品，剛開始一定需要宣傳。如果是無法宣傳的商品，不如一開始就別製作。

我幾乎沒看過像史蒂夫那樣深入涉足行銷的CEO。每個星期三，從新的廣告到海報，就連雜誌《告示牌》（*Billboard*）上的公告，每一項都必須經過他的親自審查及批准。

——李・克勞（Lee Clow，賈伯斯的盟友兼創意總監）

《賈伯斯傳》（*Steve Jobs*）華特・艾薩克森（Walter Isaacson）著、
繁體中文版由天下文化出版、2017年

這段文字引用自朝日新聞出版的新聞資訊網站「AERA dot.」二〇一八年六月十二日竹林篤實先生的報導。文中，竹林先生如此稱讚松下幸之助先生：

> 也許一開始做生意的時候，幸之助就經由親身的經歷，學習到所有生意都是價值與對價的交換，決定商品是否有價值的人永遠是顧客。

讀到這一段的讀者，應該已經注意到——**這個想法無疑正是行銷的本質**。松下幸之助先生應該可以稱為日本的「行銷始祖」。

> 行銷人的生存術
> POINT 14
> **宣傳是將價值傳達給顧客的「義務」。**

誤解3：聽了顧客的意見就無法產生創新
→許多創新都是因為採納了「顧客的意見」才產生

❖ 賈伯斯與寶僑公司，哪一邊才是對的？

接下來這句話，是史蒂夫．賈伯斯（Steven Jobs）非常喜歡引用的句子。

> 當我問人們想要什麼的時候，人們往往會回答：「更快的馬。」

你知道這句話是誰說的嗎？就是汽車之父亨利．福特（Henry Ford）。

在汽車量產之前，人們的交通方式是馬或馬車。當你問那個時代的人想要怎樣的交通工具，能夠馬上想像出汽車這種嶄新價值的人，應該只有福特或卡爾．弗里德利希．賓士（Karl Friedrich Benz）這些具有先見之明的少數人吧。

而福特跟賓士的現代版，應該就是史蒂夫．賈伯斯與其盟友蘋果首席設計長強納森．艾夫（Jonathan Ive）。

但是，光憑賈伯斯喜歡福特這句話，就斷定傾聽顧客的意見絕對無法產生創新，結論未免操之過急。

事實上，經常傾聽顧客意見的行銷先進企業寶僑公司，就因此催生了無數創新商品。

現在家中還在使用「洗衣粉」的人有多少呢？我想年輕人當中，甚至有人連「洗衣粉」是什麼都不知道吧。

現今大家普遍使用的「洗衣精」是寶僑公司在一九七〇年代開發的創新商品。再過幾年後，同公司的創新商品「洗衣球」，可能會讓世人們漸漸忘記「洗衣精」的存在。

無論是寶僑公司或其競爭對手聯合利華，這些民生消費品的大型企業都擁有大規模的研究開發部門。也有許多創新商品不是來自顧客，而是誕生於研究室。但是，在這些企業裡，就連誕生於實驗室的點子，也一定會先傾聽過顧客的意見再進行商品化。傾聽顧客的意見，能讓創新的點子變得更加明確。

賈伯斯喜歡引用的句子是「當我問人們想要什麼的時候」，但現今的行銷調查並非如此單純。

如果有製造商因為問了人們想要什麼，聽從顧客的意見努力製造了更快的馬車，卻因此慘輸給福特開發的汽車，我認為問題不在傾聽顧客意見這件事，而是詢問方式本身就有問題。

❖ 傾聽意見的真正目的是「理解顧客」

「傾聽顧客的意見」是比喻的說法，真正的目的在於「理解」顧客，而傾聽顧客的意見只是理解顧客需求的方法之一。

為了「理解」顧客無法用語言表達、甚至連他自身也沒意識到的需求，行銷人必須使出渾身解數。

關於這一點，維也納心理學家歐內斯特・迪希特（Ernest Dichter）提出的「購買動機調查」（motivation research），堪稱顧客意見調查的鼻祖。出生於一九〇七年的迪希特，剛好比史上第一部量產汽車福特T型車早一年出生。

在維也納的時候，知名心理學家西格蒙德・佛洛伊德（Sigmund Freud）恰巧

在這個世上，能製作出人們想要的東西就是創新。即使當時人們還不清楚自己想要的是什麼。

——約翰・漢尼斯（John LeRoy Hennessy，
史丹佛大學榮譽校長，Google母公司Alphabet公司董事會主席）

《這一生，你想留下什麼？史丹佛的10堂領導課》（*Leading Matters: Lessons from My Journey*）約翰・漢尼斯（John LeRoy Hennessy）著、繁體中文版由遠見天下文化出版、2018年

是其鄰居，因此迪希特分析消費者的深層心理，開發出可以應用在行銷上的方法。因為猶太人的敏感身分，迪希特之後離開納粹主義抬頭的歐洲，逃亡至美國，在「廣告之都」紐約的麥迪遜大道成為時代的寵兒。

迪希特所提出的「購買動機調查」延伸出的數種行銷手法，也成為之後廣告界的基礎，如今仍可看到其影響。

舉例來說，在汽車的行銷中，經常可以看到製造商拿對業績沒有太大貢獻的跑車來宣傳，還常展示在經銷處醒目的位置。這些行銷手法皆來自迪希特在一九三〇年代後期，為克萊斯勒舉辦的調查中得到的洞察。

當時汽車的主要駕駛者多是有家庭的中年男性，迪希特認為敞篷車這類跑車，可以挑起這群人的「花心願望」。

敞篷車這類跑車外型性感，是男性憧憬的對象，卻又無法如願購買，於是就成了他們眼中的「禁忌之戀」。因此，中年男性因為難以抵抗敞篷車的魅力，不知不覺地就踏入經銷處的店裡。

這樣的理論現今聽來可能有點牽強。而將人們的深層心理全都與「性」連結的思維，可以窺知迪希特也受到了當時流行的佛洛伊德心理學的影響。

不過，最重要的是「找出單純傾聽顧客意見無法得知的、消費者內心深處的渴望」。這樣的行銷手法果然給克萊斯勒帶來了成功，而「跑車＝吸引顧客的美麗模特兒」的思維，時至今日，仍在各家汽車製造商中沿襲使用。

深層心理，是連自己也無法意識到的層面。即使意識到了，也不會輕易告訴別人。

如果你只是單純地問有家庭的中年男性：「你想要怎樣的車？」對方應該只會回答：「可以坐得下全家人的安全家用轎車。」若問他們：「那怎樣的經銷處會吸引你踏進去呢？」應該不會有人回答：「店內展示著可以挑起我花心願望的跑車。」

要達到這樣的洞察，需要專業的「心理準備與知識」，才能聽出對方即使自覺卻不能宣之於口的想法，或是本人根本沒有自覺到的需求。關於這些心理準備與知識，我將在後面的章節具體解說。

❖不是「天生領導者」也能創新的方法

賈伯斯既是天才也是天生的領導者，這一點相信沒人會否定。他就算不用與消費者進行深度對話，也能接連開發出許多人深層心理中渴望的商品。

但是，賈伯斯畢竟是賈伯斯。記得我曾跟美國同事說過：「日本應該找不到像賈伯斯這樣的創新者吧。」對方回答我：「**像這樣的人，美國也只有他一個。**」

這麼一來，那些「不是天生領導者」的人該怎麼辦？這些人該怎麼做，才能做出創新之作呢？

要做到這一步，還是**必須從顧客的需求出發**。去理解顧客的需求何在，包含本人已經察覺卻無法言說的需求，以及根本沒有自覺到的需求。

即使你不是賈伯斯般的天生領導者，像行銷人那樣思考，也能讓你做出或大或小的創新，可說是創新最確實的方法。

行銷人的生存術 POINT 15

「傾聽顧客的意見」是讓人一再創新的方法。

3 三個最重要的行銷「實踐知識」

全世界的企業長久以來一直致力於了解顧客的需求，並回應他們的期待，行銷就是企業長達幾十年不斷嘗試各種做法，經歷無數次錯誤之後實證有效的智慧累積。

對於以「理解對方需求，回應其期待」的生存方式為目標的我們，沒道理不去活用這些人類的智慧。自PART 2起，我會依序介紹行銷的「四個階段」，為各位介紹實踐的知識。

在此，我挑出其中最具代表性，且與各位的「工作」、「職涯」、「人生」息息相關的三項。在深入行銷這座大森林之前，請各位先參加在公園的培訓，學會行銷最具代表性的基本知識，提前體驗一下其效果。

「知覺價值」與「情緒價值」

❖ 對方無法感受到的價值，等於沒價值

首先要為大家介紹的，是關於「知覺價值」與「情緒價值」的思考。

所謂行銷，終歸就是「創造對方想要的價值，將價值傳達給對方，並與對方所持有的價值交換」。此處的價值，指的是「對方可以感受到的價值」。

反過來說，如果對方無感，就代表沒有價值。這方面的價值，稱之為「知覺價值」。

舉例來說，礦泉水大致可以分為「軟水」和「硬水」。礦物成分較少、味道較醇厚的是軟水，礦物成分較多、口感較粗糙的是硬水。

同是軟水，礦物質的含量也會有微妙的差異，但幾乎沒有人能夠察覺到。成分與味道的差異即使實際存在，消費者卻無法感覺到。

成分與味道的細微差異，就營養學來說也許有意義，**在行銷上卻無法視為價值的差異。**

在日本開採的天然水基本上都是軟水。因此，國產礦泉水的製造商必須以成分或味道的微妙差異之外的其他要素來競爭，藉此拉開與其他製造商的差距。

❖ 所謂「價值」，不僅限於功能性

請各位再思考一下「知覺價值」。

在行銷中，實際上雖然有差異，但如果對方沒有感覺到這個差異，就算不上是價值。反過來說，就算實際上（在物理上）沒有差異，對方若能夠感覺到**某些差異，就可以稱之為價值。**

例如：包裝時尚有型的天然礦泉水，就具備了「喝這個看起來高人一等」的價值。而追求環保的天然礦泉水，對同樣重視環保的人來說，其價值就是「買這個可以獲得內心的滿足」。

像這樣子，對使用者而言雖然沒有實質功用，卻能讓使用者覺得「有意義」，在行銷中就稱為「情緒價值」。此處所說的「功用」與「有意義」，是我借用了作家山口周先生的說法。

假設你在超市裡想買水，看到一款從未見過的不知名天然礦泉水，如果跟「富維克」（Volvic）或「IROHASU天然水」等知名品牌以相同價格販售的話，你會買哪一個呢？如果知名品牌的礦泉水價格稍微高一些，但價差只有一點點的話，你會怎麼選擇呢？

多數人會選擇「富維克」（Volvic）或「IROHASU天然水」吧。因為一般人無法感覺到味道的差異，代表這些知名品牌還有其他的價值。而打動你掏錢購買的那個價值，無疑就是「情緒價值」。

❖ 將「知覺價值」、「情緒價值」活用在每天的工作中

了解「知覺價值」、「情緒價值」的思維後，不論你從事哪一種職務，皆能快速擴充你的工作知識及經驗。

比方說，當你以法人為對象推銷商品時，把焦點放在對方眼中的價值，而不是自己眼中的賣點，成功率應該就會提高。

舉例來說，你的公司所製造的印刷機，主打賣點是跟同業相比遙遙領先的「靜音性」。因為你們在這方面花了最多力氣，所以想跟顧客好好宣傳這一點（**自己有感的價值**）。但是對身處充滿機械噪音的工廠，一點也不在意靜音功能的顧客而言，這個功能沒有任何價值（**對方有感的價值**）。

對那位顧客而言，他擔心的可能是機器故障時聽不到警示的聲音。那麼，故障發生時將警報寄到智慧型手機的這項靜音功能，就是顧客可能會有感的價值（**對方有感的價值**）。

此外，即使對象是法人，顧客有感的價值也不僅限於「功能」。如果你能夠將天線擴張到情緒價值，就可以再提高成功率。比方說使用對環境友善的環

我最喜歡喝草莓牛奶，但魚喜歡的卻是蚯蚓。因此，釣魚時我該思考的不是自己喜歡什麼，而是魚喜歡什麼。

——戴爾・卡內基（Dale Carnegie，美國作家）

《如何贏取友誼與影響他人》（*How to Win Friends and Influence People*，通常又譯為「人性的弱點」）戴爾・卡內基（Dale Carnegie）著、創元社

保墨水匣，這件事雖然無法提高生產性和印刷品質，但在贏得社區好評或宣揚經營理念上，或許具有極大的「意義」。

此時的重點是，「情緒價值」與「顧客的痛點」兩者不一定連動。光是單純地打聽顧客的「痛點」，在大多數的情況下，你不一定能找出對方有感的「情緒價值」。

比方說，選擇買包裝時尚的進口礦泉水的人，不一定有「我看起來不夠時尚」的「問題」，就算你詢問來買水的人：「客人您想解決什麼問題？」對方頂多也只會回答：「問題？嗯……應該是口渴吧。」

像這樣子，我們比較能自覺到「功能」價值方面的「痛點」，卻大多無法自覺到「意義」層面的價值，即情緒價值。為了「找到」讓顧客有感的情緒價值，優秀的業務人員會巧妙地善用「閒談」，這也是極為合理的行銷做法。

關於這部分，在之後PART 2的STEP 2中，我會詳細地為大家解說。

行銷人的生存術 POINT 16

對方無感的差異，代表沒有價值。
反之，就算物理上沒有實質差異，只要對方有感，就是有價值。

「What to say（說什麼）」與「How to say（如何說）」

❖ 配合對方思考「該說的話」

接下來，要為大家介紹的是「What to say（說什麼）」與「How to say（如何說）」。

請各位想像自己在人前演講，例如：人事部門的負責人要在新進員工面前打招呼。此時，你要思考的不只是自己想說什麼、公司該向他們傳達什麼，而是先思考對方的需求，理解他們想聽到什麼，這才是行銷流的做法。

當然，也不是光說冠冕堂皇的好聽話就可以。新進員工應該都會有「想成長」、「想對公司有貢獻」、「想發光發熱」的想法吧。最大的前提是，在這些基本的需求上，他們還想要什麼。

於是，我開始回想自己還是新進員工時的心情。雖然聽聞公司的氛圍比較輕鬆，但實際上可以輕鬆到什麼程度？公司對較細微的禮節有什麼要求？我想起當初剛進公司時那個過度戰戰兢兢的自己。

我還想起當初的自己擔心：不知道記住業務流程與學會工作技巧要花多少時間？部門的同事是否歡迎我加入？大家會不會很忙根本沒空理我？……這些全都是新進員工會焦慮的煩惱。

假設這些都是新進員工想知道的事，那麼「What to say（說什麼）」就可以條列如下：

- 公司重視的是自由與平等的社內文化。
- 大家應該都聽過這件事，實際上社內氛圍也真的很輕鬆。請大家不要緊張。
- 一般來說，習慣工作業務大約需要兩個月。大家心裡有個底就是了。

- 公司所有人都很期待大家的加入。我們已經做好萬全準備。

加入這些要素的話，你打招呼的內容應該就包含了對方的視點在內。

❖將心思放在「如何說」

不過，行銷人不會就此打住，因為他還要繼續思考「How to say（如何說）」。

「理解」跟「認同」是兩回事。就算大腦已經理解，心裡如果不認同的話，人的心跟行動還是不會改變。因為行銷人的任務是改變顧客的心跟行動，所以光是那樣還不夠。

請各位閱讀以下的內容，想像自己實際從別人那邊聽到這番話。

情境是你剛打工回家，在家庭餐廳跟朋友見面。在大公司工作的朋友說他有話跟你說，所以叫你出來。朋友說他剛從國外出差回來，口沫橫飛地跟你描述自己的工作有多麼充實之後，突然表情一轉對你這麼說：

「你打算一輩子賣糖水嗎？還是想要賭一把，抓住可能改變全世界的機會？」

——史蒂夫・賈伯斯

（說服百事可樂總裁約翰・史考利〔John Sculley〕時說的話）

《賈伯斯傳》（*Steve Jobs*）華特・艾薩克森（Walter Isaacson）／著、
繁體中文版由天下文化出版、2017年

「〇〇，你接下來打算做什麼？你都這個年紀了還在當飛特族，放假時只會打電動。這樣不行啦。你要好好振作找份正職啊。雖然我不想講得這麼直，但我也是為了你好。我想其他人應該不會跟你說這些真話吧。」

你應該可以「理解」朋友說的這番話，也就是What to say。這些事就算對方不提，你自己應該也很清楚。

但是，被對方這麼一說，你當然無法「認同」。結果，**這番話完全無法打動你的心，你的行動當然也不會改變**。

那麼，你再想像有人跟你說以下這番話。

這次是你跟另一個朋友在假日約好一起慢跑，跑完後在超級錢湯（譯註：豪華版公共浴場）吃完飯，兩個人一起泡湯放鬆的場面。

「啊，真的太舒服了！真希望以後年紀大了還能這樣。不知道二、三十年後我們在做什麼呢？如果被外派到國外，久久一次回來日本，像這樣跟朋友慢跑完一起泡個湯的話，我可能會感動到哭出來啊。希望我們到時都能過得很充實。是說，〇〇，你接下來有什麼打算呢？」

這位朋友想說的話（What to say）跟上一個朋友一樣，都是希望你好好振作找份正職工作。

但是，這位朋友因為真心擔心你，希望你可以改變心態與行動，所以在傳達的方法（How to say）上下了一番工夫。

首先，營造出能讓對方敞開心房，願意聽你說話的氛圍。為了不讓朋友關上心門，貫徹「絕不否定友人現況」的方針。

然後，事前擬定戰略，先請對方想像未來，自發覺得必須好好振作。如此，對方才會「認同」你的建議並付諸行動。

同樣是朋友，前者跟後者的方法哪個比較有效果，應該不用我多說吧。

你看過光明正大推銷商品的電視廣告嗎？我想即使看遍全國的電視廣告，應該也不可能找到這樣的內容吧？

之所以沒有這樣的廣告，一是因為這樣的內容不會引起關注，二是因為廠商意識到了How to say。比起直接對觀眾推銷商品，藉由故事或表演讓對方留下深刻的印象，比較不會有強迫推銷的感覺，就結果而言，對方比較容易認同。

第二個朋友說的話，乍看之下可能不知道他想表達什麼。但就結果而言，能夠打動你的心，讓你改變行動的人，應該是第二個朋友吧。大多數的電視廣告也是採用這樣的行銷方法。

❖用「What to say」與「How to say」磨練演講力

那麼，掌握以上的重點之後，我們再回到以新進員工為對象的演講，複習一次你想傳達的事情（What to say）吧。

- 公司重視的是自由與平等的社內文化。
- 大家應該都聽過這件事，實際上社內氛圍也真的很輕鬆。請大家不要緊張。
- 一般來說，習慣工作業務大約需要兩個月。大家心裡有個底就是了。
- 公司所有人都很期待大家的加入。我們已經做好萬全準備。

直接將這些內容說出來當然也可以，但怎麼說可以傳達得更好呢？該怎麼做才能打動對方的心，讓他們認同呢？接下來我們一起想想，該怎麼說才能完全傳達前面兩個重點吧。

無論是要更具體地傳達，或是想緩解聽眾的緊張、縮短彼此的距離，你可以嘗試以自己還是新進員工時的親身體驗來開啟話題。例如這樣：

「大家早安。是不是覺得有點緊張？現在我回想起自己剛進公司的第一天，也是有一點點緊張呢。因為我是空降部隊，之前待的是外商公司，彼此之間打招呼也很隨意。就算遇到社長也是說：『Hi！』真的非常輕鬆。

「那時雖然聽聞我們公司的社風也很輕鬆，但我一開始還是戰戰兢兢的，不敢太過造次。只要在走廊跟人擦肩而過，我都會大聲地一一打招呼。

「結果有一天，部門裡的其他同事對我說：『我之前聽說外商公司反而像軍隊那般嚴格，沒想到是真的耶！』那時我才發現自己真的顧慮太多了。

「說白了就是，在我們公司裡，即使在走廊上遇到高層，打招呼也不用太拘束。公司的高層其實不太拘泥這類繁文縟節。」

人與人之間的相處，都可以視為你與顧客之間的關係。在公司裡，對經營者而言，所有員工都是顧客。

——松下幸之助（Matsushita Konosuke，松下電器創辦人）

《領導者必先知道的事：松下幸之助給你的95則成功啟示》松下幸之助／口述、松下政經塾／編、繁體中文版由天下雜誌出版、2016年

聽到公司前輩說社內的氛圍比較輕鬆，馬上就當真而完全放鬆的新進員工，我想應該是膽子挺大的人物吧。

這位前輩真正想說的是：「無須太過緊張。」不過，**直接這樣說的話，想傳達的事情（What to say）應該很難獲得大家的認同。**

❖「What to say」與「How to say」可以應用在所有溝通

What to say與How to say的思維，在所有溝通場合都可以發揮威力。甚至還有行銷同行用這樣的思維來管教孩子。

既然如此，不僅是演講，這樣的思維當然也可以用來讓所有的溝通更圓滿。比方說，拜託其他部門協助自己處理事情時，此時行銷人除了「要說什麼」以外，**還會詳細思考「該怎麼說」，事先擬定好戰略。**如果他們要請對方協助的事，可能給對方帶來不利，他們會在會議後的閒聊提議：「哇！會開好久喔。等一下我們要不要直接去吃個午餐？」吃午餐時順便找對方談一下。

說話時他們也會再三注意自己的用字遣詞，避免讓對方產生排斥感。像專業用語這類的更是再三小心。因為平時在職場總是不知不覺地用到，刻意將這些「摘出來」也是How to say要注意的細節之一。

跟高層主管或重要客戶說話時，大家都會自發做好這類溝通的事前準備。因為在這些場合，你不得不「從對方的需求出發」。

既然如此，何不對其他人也一視同仁呢？這麼做的話，你無須花費金錢或太多時間，就能讓所有溝通圓滿進行。

各位還記得前面提過的「entertainment＝接待」嗎？身為一個行銷人，我隨時銘記在心的一件事就是——讓所有溝通圓滿進行的祕訣，就是貫徹「entertainment＝接待」的方針，從對方的立場出發。

行銷人的生存術 POINT 17

在所有溝通場合，都要意識到「What to say」與「How to say」。

無論在哪一個領域工作，你都有「顧客」需要服務，必須讓對方「買帳」你提供的服務。如果你在社內的顧客是部長，你要賣給對方的就是你的企畫、提案、觀點、價值。如果你在社內的顧客是下屬，你就必須提供讓下屬專注思考並拿出最佳工作成果的環境。

——傑．亞伯拉罕（Jay Abraham，美國知名經營顧問）

《小技巧大業績：不懂小技巧，做到死你都還在賠錢！》（*Getting Everything You Can Out of All You've Got*）傑．亞伯拉罕（Jay Abraham）著、繁體中文版由柿子文化出版、2017年

傾聽顧客意見的「兩階段調查」

❖ 首先建立「假設」

最後，跟大家介紹「傾聽顧客意見的兩階段調查」思維。

行銷人最常進行的日常業務，就是市調。

一提到行銷，一般人腦中浮現的可能是廣告宣傳這類華麗的印象，其實在這層光鮮亮麗的外表之下，是行銷人與精密的調查數據之間的一場場「對峙」。

來到這裡，各位對行銷也許已有某種程度的了解。但其背面有一項更重要的業務，可能比較不為人知。那就是「提出假設」。

沒有假設，市調就沒有意義。應該說，**市調中的每一個選項，其實都是一個「假設」。**

舉例來說，「購買罐裝咖啡時，您最重視的是哪一點？」在這個市調中，選項有：「跟餐點的搭配」、「低卡路里」、「提神醒腦」。若一開始沒有「買罐裝咖啡的人重視『跟餐點的搭配』」這樣的假設，市調中就不會出現這個選項。

❖「行銷流」提出假設的方法

那麼，該怎麼提出這樣的假設呢？在此我們還需要其他的調查。

最一般的方法是「深度訪談法」（depth interview）。聽起來好像很難，重點就是**以一人（或僅有數人的少數人）**為對象，進行深入的訪談。

在先前的例子中，要在新進員工面前演講，也許有人無法想像對方想知道什麼。因為新進員工時代對自己來說已經太遙遠了，而且現在的年輕人跟當時的自己相比，價值觀也可能不一樣。

在這樣的狀況下，直接採訪新進員工或是新進員工身邊的人，是最快的解決方法。

採訪的對象只要一個人就足夠了（但人數若能多一點當然更好）。不需要正式的採訪，用電話或電子郵件、聊天軟體也無妨。**因為目的是得到「假設」，因此不須執著於數據統計的正確度。**

而且，想不出假設時，這樣的**採訪也能成為很好的「刺激」**。我們一般所說的「點子」其實就是「假設」，能想出很多「好點子＝好假設」的人其實是有祕訣的。因為**他們經常吸收比他人還多的資訊**。

吸收的資訊不僅會成為「知識」，還能成為良性的「刺激」，幫助你產生許多「點子＝假設」。而採訪你的目標對象，就是最容易執行的資訊吸收方法。

當然，如果是專業的課題，在「深度訪談法」之前必須先提出假設。不這麼做的話，就無法有效地進行目標對象的選擇並思考要提問的內容。但即使是專家，要從零得出假設也不是件簡單的事，在此我刻意將這個流程簡化。

❖用「數據」檢證假設

經由採訪得到的點子，在當下還只是「假設」。

假設需要數據來佐證。提出假設時之所以不需要正確的統計數字，前提是之後「顧客市調」的階段會檢證你的假設。行銷人會像這樣「進行兩階段的調查」。

行銷的兩階段調查，就是人們為了「理解對方」而不斷嘗試，在歷經各種失敗之後所累積的智慧結晶。

因為假設是「點子」，所以必須盡可能地拿掉制約，擴大發想的範圍。這跟腦力激盪時禁止批評是同樣的道理。至於「那統計的正確度呢？」這類批判，在此我們就不多做討論。

但是，沒有經過市調就直接實行想到的點子，稱不上是「從對方的需求出發」。就像服飾店的店員會建議顧客：「如果是夏天要穿的洋裝，這件怎麼樣？」、「您想要的白色是這種色調的嗎？」藉此一步步地摸索顧客的需求。行銷人也需藉由跟目標對象的溝通，再三檢視自己的假設，因此才需要進行市調。

市調如果能由專家來設計並實施，自然再好不過。這麼做當然需要花錢，但即使沒有這筆預算，也不該以此為藉口不做，我建議**即使自費也要做市調**。

比方說，在演講後發意見調查表，請觀眾回答對演講整體的滿意度或印象深刻的地方、有沒有想提問的事。確認自己假設的「What to say」或「How to say」，跟對方的需求有沒有誤差。

演講無論是分數天、數場進行，或是定期舉辦，你都可以在下一場演講前分析意見調查表，並針對演講內容進行修正和調整。

❖「傾聽顧客意見的兩階段調查」也能應用在網路發文

像這樣「**傾聽顧客的聲音＝兩階段調查**」的思維，也可以應用在社群媒體或部落格、YouTube等的網路發文。

首先，你要站在對方的觀點提出假設，思考對方想要怎樣的內容。如果無法順利想出好的假設，可以直接找幾個目標讀者，採訪他們以獲取靈感（**調查的第一階段**）。

例如，如果你的目標讀者是年輕的商業人士，你可以邀請公司後輩去喝酒聊天。

我在公司自願擔任年輕同事的「職場導師」（mentor），如果有人來找我：「您可以跟我聊聊嗎？」我就會請對方吃飯並傾聽他的煩惱。

這樣的面談雖是以諮詢者為主，但沒想到我也從中得知年輕商務人士想知道怎樣的資訊，成為自己寫作時的靈感。例如本書的內容，許多就源自於這些靈感。

得到假設之後，我會實際寫成文章投稿（調查的第二階段）。

在網路發文，優點在於可以馬上看到讀者的反應，我會活用這一點來進行調查。跟平時的平均值相比，反應更好的話，代表自己的假設得到了驗證。同樣的 What to say，還可以嘗試用不同的 How to say 來表達，藉此驗證哪一種傳達方式比較好。

行銷人的生存術 POINT 18

先提出假設，再進行檢證。無論哪一個階段都需要「調查」。

再次重申，所謂行銷，是全世界的企業幾十年來一直致力於了解顧客的需求，並回應其期待，歷經無數次錯誤之後實證有效的智慧結晶。

如果只是明白「了解對方的需求，回應其期待」這個道理，讀到此處的讀者，每個人應該都做得到。

但是，徹底追求這一點，並找出可以讓自己發光發熱的個人風格與天職，則需要學會更有效且洗練的方法。

為此，我建議各位善用累積了無數人類智慧的行銷知識。

從PART 2開始，我們將深入探討行銷這門學問。

CHAPTER 2

TRY

BUSINESS
商業

在明天職場的對話中，
刻意使用「What to say」與「How to say」。

CAREER
職涯

想像你可以提供給公司或社會的「情緒價值」。

PRIVATE
私人生活

在社群媒體實驗看看，將同樣的「What to say」，
以不同的「How to say」來表達。

HOW MARKETERS THINK AND ACT

PART 2

工作、職涯、人生都能好轉的四階段「行銷人的生存術」

STEP 1

定義市場——找出「讓自己更加發光發熱的領域」

1 為何要「定義市場」？

前面已經提過兩次，本書將行銷分為以下四個階段：

1：定義市場

2：定義價值
3：創造價值
4：傳達價值

接下來我們將進一步探討，如何在各階段實踐「了解對方的需求，回應其期待」的知識。

何謂「定義市場」

首先是「定義市場」。所謂「定義市場」就是決定你要提供價值的對象。

在行銷中，決定價值的人不是你自己，而是你的對象。就算你的產品跟市面上的競品有實際差異，但如果對方無感，就不能稱之為價值。況且，感受這種東西往往因人而異。

也就是說，**價值會因為你所提供的對象而有不同**。

在接下來的階段，還要進行定義價值、創造價值以及傳達價值，如果一開始不先決定**「這是對誰而言的價值」**，你可能會搞錯最終所要提供的價值。

本書一再強調「行銷人的生存術」必須從對方的需求出發。接下來我們要思考的是，**所謂的「對方」到底是誰**，這個問題是行銷的根本。

以誰為對象，**才能最大限度地活用自己，造福最多人呢**？當然，若能以「全人類」為對象，是最理想的狀況，但除非你成為拯救地球的超人，否則應該很難達到這個目標。

從華爾街的證券商到住在亞馬遜流域深處的人，能夠廣泛且全面地解決全人類課題的商品應該不存在吧。當企業思考自家的商品可以造福誰時，必須先**將「誰」聚焦於某個特定族群**。

個人也是一樣。無論工作或私人生活，當你想要造福他人，你能幫忙的對象也應該限定在固定範圍裡。

而以誰作為提供價值的對象，關乎你能否幫到最多的人。這是立志「像行銷人那樣生存」的我們，之所以要「定義市場」的理由。

行銷人的生存術 POINT 19

首先，決定「自己要提供價值的對象」是誰。

在「自己能做到的事」與「可服務的對象多寡」取得平衡

想像一下，你除了正職工作之外，還兼職做 YouTuber。

此時，你必須面臨的選擇就是「像藝術家那樣生存」或「像行銷人那樣生存」。

如果選擇「像藝術家那樣生存」，為了表現自我，你只須聽從內心燃燒的渴望，將想做的事作為影片的主題即可。內容有可能是戰前古典鋼琴家的演奏評論，或托爾斯泰書中俄國政治體制的相關研究發表這類較小眾的主題。

如果選擇「像行銷人那樣生存」，就要選擇對象（觀眾）想看的主題。

例如，為迷惘的學生或社會新鮮人提供職涯發展的建議。如果你的專業是「專利」，也可以活用這方面的專業知識，為商務人士提供簡單易懂的專利制度解說。

因為本書要探討的是「像行銷人那樣生存」，所以此時的重點是：在「自己能做到的事」與「可服務的對象多寡」之間取得平衡。

許多人因為過於在意「內容的獨特性」，所以會將重點放在「自己能做到的事」。以前面的例子來說，就是「職涯發展的建議誰都做得到，但專利解說只有我才能做到，所以就以專利解說為主題吧！」這樣的思維。

假設你對專利解說與影片的編輯技術很有自信，做出許多簡單易懂、充滿獨特性的有趣影片，而且每支影片的品質都很棒。但是，YouTube的觀眾中，

「想知道專利的原理，想輕鬆地學習相關知識」的人可能不多。有興趣主動來看的人應該很有限吧。

這麼一來，問題就不在影片的品質。人們容易陷入「觀眾很少↓應該提高影片的品質」的思考盲點，因此不斷地重複著得不到回報的努力。

這是缺乏「定義市場」觀點的人容易掉入的典型陷阱。

那麼，如果以「職涯發展」為主題呢？思考你的對象能擴大到怎樣的程度，也是「定義市場」的一部分。活用自身在專利法務這方面的特殊經歷，以「專家的職涯」為主題，**調整「市場的規模」與「自己能做到的事」之間的平衡。**

行銷人的生存術
POINT 20

選擇市場時，要注意調整「市場的規模」與「自己能做到的事」之間的平衡。

盡可能選擇較大的市場

被譽為世界第一YouTuber的瑞典籍YouTuber「PewDiePie」（譯註：本名Felix Kjellberg，自二〇一〇年開始經營頻道，二〇一六年獲《時代》雜誌評選為全球百大最具影響力的人物）的人氣影片就是遊戲實況的直播。日本YouTuber第一人HIKAKIN（譯註：日本男性YouTuber、遊戲實況主、Beatboxer、演員，也是YouTuber經紀公司UUUM的創辦人兼最高顧問）的頻道，也是遊戲實況直播。

一般都認為內容創作的獨特性很重要，但「遊戲實況」幾乎沒什麼獨特性可言。任何人都做得到，也有很多人已經在做。

但是，這個主題擁有壓倒性的「**龐大市場**」。

HIKAKIN當初是以自己擅長的節奏口技表演為主題而開設YouTube頻道，但他之後的影片內容也擴及遊戲實況等其他領域。

這應該是他意識到「**市場規模**」，為了增加頻道點閱人數的操作吧？

只靠節奏口技的話，即使技巧再精湛、影片的品質再高，訂閱人數應該很早就已經到頂了。

另一方面，很多人喜歡在YouTube觀看遊戲實況，因此，想看「HIKAKIN玩遊戲」的人，應該一開始就不少吧。

遊戲實況的競爭者固然多，但是，對這個主題有興趣的人也很多。所以，就算要跟同業搶觀眾，遊戲實況的觀眾還是遠比節奏口技要多很多。

當然，這麼做需要冷靜的自我分析。

在眾多競爭對手中，想靠遊戲實況受到觀眾的矚目，當然需要幾項必備能力，你必須先分析自己是否具備了那樣的能力。

當然也要將自己既有的知名度加入考量。HIKAKIN想必也是綜合考量這些因素之後，才決定加入遊戲實況這個「更大的市場」吧。

在思考「如何活用自己的能力造福他人」時，關注自己能力的獨特性以滿足少數人，或是關注需求聲量的大小以滿足多數人，哪一方是以對方作為思考的出發點呢？

如果是立志「像行銷人那樣生存」的人，為了讓自己造福更多人，會選擇

盡可能地為更多的人、帶來更多的幸福，是敝人的義務。
——澀澤榮一（日本知名實業家，新版日幣萬圓鈔票上的人）

《開拓人生 澀澤榮一》前田信弘／編著、日本能率協會管理中心

滿足多數人（較大的市場）吧。

前述有關HIKAKIN加入遊戲實況的原因雖然是我自己的想像，但這樣的思維模式跟行銷人選擇市場時的思維相當類似。由此，我們可以一窺行銷人的思維模式，並掌握其特徵。

行銷人的生存術 POINT 21

在自己可以貢獻的範圍內，盡可能地選擇較大的市場。

2 行銷人「定義市場」的思考與技術

找出「切入點」

「定義市場」就是決定提供價值的對象。以此為基礎，接下來的步驟才是定義價值、創造價值以及傳達價值給對方。一開始若不決定「那是對誰而言的價值」這個大前提，後續階段的基礎就會不夠穩固。

此處所說的「對誰」，其實只是比喻表現。**實際的對象一定不會只有一人，而是「人的集團」**。該如何分類這個集團，是定義市場時最先要思考的事。

如果要你定義商品的目標客層，大半的人都會先從「該以哪個集團為對象」開始思考。像是：十七、八歲的年輕女孩、二十出頭的社會新鮮人、孩子已經獨立的年長者之類。

此時，大家不知不覺地都會使用到「某個特定的分類」。就是被稱為「人口學」(demographics)的「性別、年齡」分類。這的確是行銷最常用到的對象分類法。

❖不被性別、年齡束縛

但是，用來分類人類的切入點，除了「人口學」之外，還有其他許多方法，像是：地理學（geographic）＝居住區域、心理學（psychographics）＝興趣嗜好等分類法。

並非馬上決定「要以哪個集團為對象」，而是先從「該如何分類集團」來思考，才是行銷流的做法。

讓我們試想一下分類高中同班同學的狀況，以男女、成績、畢業的國中來分類，是教職員辦公室經常用來分類學生的方法。

但是，學生卻不會用如此膚淺的分類來選擇朋友。應該很少有高中生會因為某某同學的成績很好，所以想跟對方當朋友吧。

學生們會以自己獨自的切入點來分類同學，像是：服裝或音樂的愛好、有沒有戀愛經驗、是否出風頭、參加的社團是否很酷……

行銷人採用的分類法，比起老師的方法，更接近學生用的。他們不會用任何人都想得到的一般分類法，而是會從獨自的切入點來分類顧客。

❖ 思考「新的切入點」

以大家都在用的切入點來一決勝負的話，因為商品都集中在人數較多的大集團，你可以服務到的對象人數反而減少。

舉例來說，罐裝咖啡長久以來設定的目標顧客都是「男性上班族」。這應該是採取了最常用的人口學分類法，但這個集團的競爭太過激烈的話，你也可以嘗試將目標客層改為聚焦在同樣分類法中的其他集團。例如將對象改為女性，或即使同樣是男性，也可以將客層從上班族改為學生。

不過，這麼做的話，通常效果不會太好。因為業界的常態就是「競爭商品會集中在該分類中顧客最多的集團」，刻意避開的話，反而會縮小你的市場規模。

因此，你才需要新的分類。

舉例來說，以喝罐裝咖啡的「場合」來分類，將焦點放在最多人喝的時段「早晨」，開發出「最適合早晨喝的罐裝咖啡」。這是日本知名飲料製造商朝日飲料在開發罐裝咖啡「WONDA」時採用的手法，是非常有創意的市場新分類。

❖創新來自「新的市場定義」

像這樣子，在市場定義中設定新的對象之後，就必須思考新的價值。其實**這麼做有時會成為創新的出發點。**

直至一九八〇年代初期為止，電腦製造商都是以「電腦迷」為對象開發商品。

於一九八四年登場的蘋果公司（Apple Inc.）的麥金塔（Macintosh），為電腦開啟了使用者範圍更寬廣的一扇大門——個人電腦；蘋果在他們的販售對象新增了「設計師」與「創作人」。蘋果公司對外形美觀與介面字型字體的堅持，成了這個品牌的代名詞，而同機內建的高品質創作用軟體（當時是繪圖軟體）等，可說是迎合新客群所創造的新價值。

一九九七年，創辦人賈伯斯重新回歸之後，蘋果以兼具嶄新設計和多種色彩選擇為賣點的個人電腦「iMac」，重新奪回市場優勢，再次復活。

這項商品以更廣大的「一般家庭」為對象，將個人電腦定位為某種「家電」。在那個時代，一般大眾對「個人電腦＝理科的工作用具」的印象還很強烈。iMac成了顛覆個人電腦常識的創新產品。不過，其講究的設計或色彩選擇，就當時的「家電」來說，其實並非太稀奇。就連不起眼也不占空間的烤吐司機，在當時的家電賣場中已有許多外型時尚，足以作為裝潢一部分的商品。

iMac創新的本質，就在於將個人電腦視為家電之一的「市場定義」。

❖找出「全新切入點」的思考術

想找出「早晨喝的罐裝咖啡」或「個人電腦＝家電」這樣，既創新又不被既有分類束縛的市場定義，有一個很棒的訣竅。那就是從「找出競爭對手」的觀點來思考。

那時，我本來想推出的是所有零件都已經準備好，可以自行組裝的第一台電腦。但我認為只將顧客鎖定在喜歡自行組裝電腦的電腦迷、或是會自己選變壓器或鍵盤的人是不夠的。我想，如果喜歡自行組裝電腦的消費者有一個，那應該有一千個消費者想要不須自行組裝、馬上就能用的電腦吧。　——史蒂夫・賈伯斯（Steve Jobs，蘋果公司創辦人）

《賈伯斯傳》（*Steve Jobs*）華特・艾薩克森（Walter Isaacson）著、繁體中文版由天下文化出版、2017年

假設你是飲料製造商的商品開發負責人，要開發新的罐裝咖啡。

說到你的競爭對手是誰，首先想到的應該是「罐裝咖啡的知名品牌」吧。此外，最近超商裡賣的滴濾咖啡也是強而有力的競爭對手。像羅多倫咖啡（Doutor Coffee）這類專門店的滴濾咖啡，外帶的話也會成為你的對手。

從這裡，我們可以進一步「**發現**」**競爭對手**。

那星巴克的外帶咖啡呢？滴濾咖啡當然是你的對手，那他們的「瑪奇朵」或「星冰樂」等獨創商品，有沒有可能也會是你的競爭對手呢？乍看之下客層完全不同，但是就可以隨手攜帶的咖啡類飲料這一點來說，其實屬性相同。

那我們來想像一下，會買「星巴克○○瑪奇朵」的人追求的是怎樣的價值？如果自己也能提供那樣的價值，那就等於是「**發現**」**新的競爭對手**。

如果只是想喝飲料的話，應該不會刻意花可以在超商吃一餐的錢去買星巴克的外帶吧？因此，我們可以想像，對這些人而言，星巴克不是單純的飲料，而是偷空休息時可以享用的甜點。就像「一個人可以享用的甜點」這種感覺。

如果罐裝咖啡也能提供這種感覺，就可以將星巴克視為競爭對手。比方說，「在工作短暫的休息時間當成甜點犒賞自己的罐裝咖啡」這樣的觀點如何？其實在這個階段，**我們已經在不知不覺中，以全新的切入點來分類顧客。**脫離「性別、年齡」的分類，而是從「對飲食的愛好」、「飲食習慣」來分類消費者。

「想在工作或讀書的休息時間一個人享受甜點的人」有男有女，有老有少。單從「人口學」的框架來思考的話，永遠不會出現這樣的分類。

重要的是「發現」競爭對手的這種感覺。

此時的重點是，無論是一個人進行或團隊進行，首先以腦力激盪的方式，盡可能找出所有可以作為你競爭對手的候選人。再將類似的對手分組，排除絕對不可能實現的選項，再從「顧客追求怎樣的價值？」、「自己有可能提供嗎？」的觀點，進一步縮小競爭對手的候選人。

這麼一來，在發現新競爭對手的同時，行銷人也能找出新的市場。

我們返回根本，重新回到1984年把電腦定義成家電，推出All in One電腦第一代麥金塔當時的初心。

——菲力浦・席勒（Philip Schiller，蘋果公司前副總裁回顧開發iMac當時）

《賈伯斯傳》（*Steve Jobs*）華特・艾薩克森（Walter Isaacson）著、繁體中文版由天下文化出版、2017年

行銷人的生存術
POINT 22

從「新的切入點」發現顧客，定義新的市場，就能掌握創新的線索。

從五大重點評估市場是否有望

思考至此，行銷人會面臨第二個問題。

脫離「罐裝咖啡市場」，打進「一個人可以享受的甜點」這個新市場是否正確？

在思考這個問題時，接下來的五個觀點可以派上用場。

- 市場的大小：市場規模
- 市場每年會擴大（縮小）多少：成長性

- 有多少競爭對手：競爭環境
- 是否能活用自己的能力：關聯性
- 跟自己的其他活動是否契合：與既有事業的乘數效果（synergy）

接下來就讓我們來逐一檢視這些觀點。

❖ 市場的大小：市場規模

正如字面所示，就是比較A和B哪一方是較大的市場。換個說法就是，能夠作為對象的人數有多少。如果其他條件都一樣的話，當然應該選擇更大或至少較大的市場。

一般做法是會進行專業調查來推算市場規模，但在網路上搜尋，也可以看到許多國家或業界團體、智庫等的公開調查數據。

本書並非行銷方面的專門教科書，所以不會深入探討這部分。對具體的調查方法有興趣的讀者，請參閱市場調查的入門書或專書。

在此希望各位養成一種習慣，即活用本書介紹的觀點，**站在你要提供價值的對象的立場，進行深度思考。**

「罐裝咖啡市場」與「一個人可以享受的甜點市場」，就規模而言哪一個比較大？還是兩者應該差不多？像這樣一邊想像市場的規模，一邊在網路進行簡單的調查，光是這麼做，你就會實際感受到自己的選擇將因此而有所不同。

❖ 市場每年會擴大（縮小）多少：成長性

接下來是成長性。有的市場雖然規模很大，但或許會在這數年內突然縮小。當然也有狀況完全相反的市場。**如果其他條件全部相同的話，一定要選擇成長性較高的市場。**

規模雖大，每年卻不斷縮小的市場，如果是初期投資必須花時間才能回收的商品，那你就需要重新思考。相反地，如果是短期之內就可以賣完的商品，市場今後的發展如何，也許就不是那麼重要。

看我這樣說，也許有讀者會覺得我要傳達的是「不要過於執著市場的大小，應該在意是否有成長的可能性」。不過，我覺得各位應該注意的反而是相反的案例。

我要提醒各位的是：**過於拘泥成長性，很可能會誤判市場的大小。**

正在衰退的市場往往會被低估，而正在成長的市場則會被高估，這樣的狀況經常發生。

比方說，各位覺得一般家庭裡傳真機的普及率有多少？根據二〇一七年總務省的調查約是三五％。這個數字甚至比滾筒式洗衣機及烘碗機的普及率還高。但在大多數人的想像中，應該是相反的吧。傳真機產業因為網路的普及而衰退，因此大眾普遍會低估其使用者的基本盤，但使用傳真機的人其實比想像中還要多。

關於市場規模的想像，我們應該自覺到這類**大眾的刻板印象與偏見**，盡可能地根據事實來比較。

❖有多少競爭對手：競爭環境

說到競爭對手，當然是越少越好。最好是完全沒有競爭對手。

但是，規模大、急速成長、競爭對手又少的市場，當然不可能存在。在此應該思考的是三者之間的平衡。

此時應該留意的是，不要**過度高估自己的獨特性（競爭較小），以及過度低估市場的規模**。

我問過經營ＩＴ企業的友人，聽說經驗越豐富的ＩＴ經營者，越會毫不猶豫地選擇做「正在普遍流行的事」。手機遊戲大流行的話，即使是後發，或是已經有競爭對手，他們還是會參戰。

反之，經驗較少的ＩＴ經營者，會過於執著還沒有人參戰的領域，偏向思考「雖然沒有競爭對手，卻也沒有顧客」的服務。

如果你的目標是「盡可能造福更多人」，比起已經有人出手相助的人，以還沒有人伸出援手、正在等待支援的人作為對象，應該比較理想吧。

就這層意思來說，我們的確該盡可能地避開競爭，但倘若因此不選自己能夠幫到的一千個人，只以一個人為對象，實在不是良策。這就是平衡的問題。

就算競爭非常激烈，如果規模夠大，該市場裡還是有許多自己可以滿足其需求的顧客，此時你應該毫不猶豫地加入戰場。

❖是否能活用自己的能力：關聯性

目前為止，本書分析了市場規模、成長性、競爭環境以及提供價值的對象。雖說行銷應該從對方的需求出發，若要將你提供給對方的價值最大化，也必須先顧及自身的能力。

如果是同樣的規模、成長性、競爭環境，**越能活用你自身能力的市場，應該能讓你滿足越多人吧**。如果能夠滿足更多人，就能得到更大的回報。你最終能否滿足最多人，就是以上的諸多要素相乘以後的結果。

各位可能會覺得，汽車公司製造電動車是理所當然的。但是，靠馬達發動的電動車與靠內燃機發動的汽油車，可說是截然不同的機械。

日本最具代表性的汽車製造商速霸陸（SUBARU）或馬自達（MAZDA），以及被稱為世界第一的汽車製造商豐田汽車，截至目前為止都沒有開發純電動車，可能就是前面提到的諸多要素相乘計算後的考量。

開發汽油車必須能夠控制引擎中發生的「引爆」，其所需的諸多零件，電動車根本無法相比。日本的汽車製造商最擅長的就是組合這些零件的技術，因為想要完全發揮這方面的優勢，才會執著於汽油車或以此為基礎的油電混合車。考量到電動車的市場目前還很小，這些日本汽車製造商的判斷可說是相當合理。

❖跟自己的其他活動是否契合：與既有事業的乘數效果

最後是「與既有事業的乘數效果」。所謂的乘數效果（synergy），就是1加1大於2。

華特迪士尼公司（The Walt Disney Company）最擅長的就是相乘經營。同公司旗下有電影事業、主題樂園事業、周邊商品販賣事業。在此應該注目的是，電影與主題樂園、周邊商品，三者之間魚幫水、水幫魚的互助關係。

看了電影覺得喜歡的人，就會去買周邊商品。還會去主題樂園實際體驗電影中的世界。這麼一來，粉絲就會更沉浸在電影的世界，購買藍光光碟或DVD，並期待續集的推出。

就像這樣，周邊商品販賣事業或主題樂園事業，在接受電影事業支持的同時，也支持著電影事業的發展。

在既有的事業下展開新事業，是否能產生「乘數效果」，也是評估市場時的重點之一。**倘若加入這個市場可以產生1加1大於2的價值，就能成為極大的加分點。**

• • •

以上，五個項目都已分析完畢。

各位可能覺得要一一仔細確認這些項目很辛苦。

但是，你無須擔心。正如一開始提到的，在此希望各位了解的是，選定市場時，**應該將這些重點列入考慮的「衡量事情的方法」**。

本書並非要你事無巨細地分析每一件事，而是希望各位知道有這些評估重點，先停下腳步仔細地思考。光是這麼做，各位在選擇「對象」時，一定能做出較好的判斷。

行銷人的生存術 POINT 23

從以下五大重點評估市場：①市場規模、②市場性、③競爭環境、④關聯性、⑤與既有事業的乘數效果。

3 在工作、職涯、人生中活用「定義市場」

「定義市場」也可用於平常的工作

在STPE 1的前半部分，我們得以一窺行銷人在決定市場之際的思維，並掌握其特徵。

接下來要為各位說明，非行銷人的各位如何將這樣的思維活用在日常工作或生活中。

❖ 用自己的方式去定義市場

「定義市場」的思考與技巧，原是為了商品開發或新事業開發的負責人而生。對這些人以外的其他人來說，平時的工作「要以誰為對象」，大多一開始便決定好了。

舉例來說，負責高級車銷售的業務員，其銷售對象一開始就已決定是「富裕階層」。在社內進行簡報、結婚典禮上的致詞等場合，聽眾也是一開始就決定好了。

但是，即使對象一開始就決定好了，擔任「銷售負責人」、「新娘友人代表」的你，**不一定非得以現場所有人為對象**。而且也有可能因為某些制約，「無法」以所有人為對象。

更何況，所謂「一開始就決定好的對象」，有些是刻意定義得曖昧一點（像「富裕階層」之類），有些是無意間定義得曖昧，有些甚至根本就沒有定義。

在這樣的狀況下，如果你**一開始就能「以自己的方式定義市場」**，就能提高成功的機率。

❖電視廣告每次都要重新定義「對象」的理由

實際上，行銷人在思考廣告企畫時，幾乎每次都會進行「市場定義」，即使他們要宣傳的商品一開始早已經設定好對象。這是稱之為「**目標客層設定**」或「**目標市場**」(targeting)的流程。

順帶一提，本書刻意不使用「**目標市場**」這個專業用語，原因在於「targeting」這個字在射擊等領域的原意是「標靶」，是從自身的目標出發，將對方視為物品的用語，不符合本書想要傳達的思維。

另外，每次製作廣告都必須「定義市場」的理由，有時是因為商品要銷售的對象本來就定義得不夠明確，但大多是因為考量到以下這些重點：

- **沒必要對此商品的所有銷售對象打廣告**
  ↓有些人就算沒打廣告也已經知道商品的價值、價值已充分傳達給特定的人了
- **沒辦法對此商品的所有銷售對象打廣告**
  ↓沒有一種媒體可以傳達給全部的人、預算有限

考慮到這些重點之後，雖然商品的銷售對象有各式各樣的人，但還是必須一開始就定義出「這支廣告主打的對象」。

> 行銷人的生存術
> POINT 24
> 即使是平時的工作，仍應當「以自己的方式定義市場」。

將「定義市場」應用在演講上

這樣的思維，也能應用在以剛畢業的新進員工為對象的致詞中。儘管聽眾是哪些人早就決定好了，你也未必要認真地面對每一個人。此外，聽眾的類型越多，你越無法讓全體滿意。因此，你應該思考自己該

我原本可以在廣告中將多芬（Dove）香皂定位成男性洗手用的清潔用品，但最後我將它定位為乾燥肌女性專用的化妝用品。
——大衛・奧格威（David Ogilvy，現代廣告教父）

《奧格威談廣告》（*Ogilvy on Advertising*）大衛・奧格威（David Ogilvy）、Prion

怎麼做，才能「造福」最多的聽眾，進而大膽限定你的對象。

此時，STEP 1 中提到的「定義市場」觀點就可以派上用場。

❖思考切入點

首先，你必須仔細思考的是，你該用什麼方法分類聽眾。

不是依照性別、國籍、理科文科這類人事分類給他們貼上標籤，而是找出隱藏在聽眾中的「**肉眼看不到的分類**」。

比方說，從「今後的職涯發展」切入的話，我可以將新進員工分為以下三個群組：

1：想盡快出人頭地的認真工作組

2：重視工作生活平衡（WLB，Work-Life-Balance）組

3：沒有明確目標，想先待一陣子再說的觀望組

❖ 評估市場

接下來再來思考：其中人數最多，你的話能讓對方最「有感」的是哪一組？

第一的認真工作組，在剛進公司這個時間點，即使真有這樣的人也只是少數派。第二的重視工作生活平衡組，因為我自己不是這樣的人，所以沒有自信能給他們太有用的建議。

那麼，就將致詞對象鎖定在第三的觀望組，來構思要對他們說的內容吧。在目前這個階段，這一組的人數最多，因為過去的我也是這種人，所以我可以根據自身經驗，說出讓這群人覺得有趣的話。

像這樣子，評估整體狀況，從聽眾中找出自己主攻的對象。決定好對象之後，再找幾位這類的新進員工，傾聽他們的話，摸索這群人在意的是什麼、聽到怎樣的內容會覺得有趣。

當然，一場演講如果可以滿足在場的全體聽眾，自然再好不過。但有時會受限於條件無法做到，而且有時根本不須這麼做。此時，你就可

我告訴你剛才那個祕密吧。其實也沒有什麼啦，就是：你得用心去看才行，真理往往無法用肉眼看清楚。最重要的事情，往往都是肉眼看不到的那些事。

——《小王子》中狐狸說的話

《小王子》（*Le Petit Prince*）安東尼・聖修伯里（Antoine de Saint-Exupéry）著、岩波書店

以使用前述的方法準備，將自己能造福他人的範圍擴張至最大。

行銷人的生存術 POINT 25

即使對象一開始就決定好了，你仍要用自己的方式去定義「對象」。

將「定義市場」活用在職涯發展中

❖ 你就是「自己」這項商品的行銷負責人

前面提過，「市場定義」本是為了商品企畫、事業企畫負責人而產生的思維。但是，無論你從事的是什麼工作，都有「商品企畫、事業企畫負責人」的一面。

因為，你就是「自己這項商品」的行銷人。

無論是就業、轉職或社內升遷，其舞台都是「勞動力市場」，我們在此交易「勞動力」這項商品。也許有人會抗拒將自己當成「商品」看待，但在就業、轉職或升遷的市場上，現實就是如此。

❖ 你的價值將根據「市場」而改變

即使會有些許誤差，但你能夠獲得的報酬，最終往往取決於你「能造福多少人」。

泰勒絲（Taylor Swift）或女神卡卡（Lady Gaga）之所以能獲得極高的報酬，是因為這世界有許多人需要她們。日本歌手的收入之所以比她們少，在於他們能夠提供服務的對象大多只限於日本人。

兩者之間的差距，不在於身為音樂人的才華、實力或努力，**而是所選擇的市場規模大小所造成的差距**。

現今我們也經常能夠看到，日本的足球選手或棒球選手只要離開日本站上世界的舞台，年薪就會一口氣跳個好幾級。即使當下他所具備的實力、才華，跟在日本時是一樣的，仍然會出現這樣的差距。

想要提高年收入的人，藉由磨練企畫或簡報等能力，為了累積成績而全心專注於工作，當然是一件有意義的事。

但是，**比那些更重要的是，適當的「市場選擇」**。

舉例來說，專門鑑定菊石（Ammonoidea）化石的人，就算他將技巧與成績提高至日本第一的水準，其工作收入應該還是比不上資料科學家（Data Scientist）的平均年收。

這個例子也許有些極端，但類似的狀況在勞動力市場上一直頻繁地發生。

想要提高年收的話，在磨練技巧與累積成績之前，建議**你必須先重新檢視你要兜售自己的市場在哪裡**。

我們經常聽到有人建議：不同的業界，薪資水平也不同，如果想大幅度提高年收，就要更換你待的業界。不過，「業界」只是定義市場的切入點之一，「職種」也是。

正如本書一直強調的，行銷人可以自由地定義市場，你不須從既有的切入點來思考，像是：「不要選零售業而是要選金融業」、「不要做業務而是要做行銷」。這麼說可能有些難理解，接下來我會以具體的例子來說明。

❖不用轉職，也能「重新審視市場」

你不一定要轉職才能重新審視自己的市場。所謂「重新審視市場」，具體來說就是「改變自己的認知」。也就是說，**即使身處同一家公司的同一職位，自己跟別人認知的市場也可能有所不同。**

舉例來說，同是人才派遣業的業務經理，A先生認為自己的市場是「人才派遣業務的專家」，而B先生則認為自己的市場是「建構業務組織的專家」。

想法不同，需要強化的知識或技能也不一樣。自己應該學習什麼、想做怎樣的工作、該如何選擇工作等方面，皆會出現極大的差異。接下來，在擔任業務經理的數年間，A先生一直磨練人才派遣業務的技能、累積實戰成績；B先生成立內部銷售（inside sales）團隊、累積了豐富的業務組織打造經驗，兩者的市場價值很可能天差地別。

轉職也是一種方法，可以幫你強化「自己認知的市場」所需的知識或技能，不過，轉職評斷的是你當時的技能，相較之下，社內人才開發則會考量你的潛力或意願。因此，請記住這一點，若要「重新審視」你要兜售自己的市場在哪裡時，**以你目前的工作、職場為前提，絕對有利得多。**

當然，提高市場價值（提高年收）這件事本身，無法成為你的最終目標。

「像行銷人那樣生存」的目的，在於從對方的需求出發，活用自己的能力，**盡可能造福更多人。**因為報酬的多寡跟你能幫到的人數多寡成正比，年收提高只是隨之而來的「結果」，在此我必須再次強調這個主從關係。

行銷人的生存術
POINT 26

首先思考你要在哪裡販賣「自己這個商品」。

人生的目的不是成為幸福的人。而是成為一個有用的人、高潔的人、體貼的人，做只有自己能做到的事，活得堂堂正正，僅此而已。

——拉爾夫·沃爾多·愛默生（Ralph Waldo Emerson，美國哲學家、詩人）

《成功長青：每個人都可以活出不平凡的人生》傑瑞·薄樂斯（Jerry I. Porras）、斯圖爾特·埃默理（Stewart Emery）、馬克·湯普森（Mark Thompson）等著、繁體中文版由台灣培生教育出版、2007年（已絕版）

STEP 1

定義市場TRY

BUSINESS 商業

從你負責的職務，重新定義你的公司
所提供的商品、服務的「市場」在哪裡。

CAREER 職涯

盡可能地列出你可以兜售自己的市場。

PRIVATE 私人生活

假設你要成為一個 YouTuber，
思考「自己最想提供價值的人」是誰。

STEP 2
定義價值——了解「對方真正的需要」

1 為何要「定義價值」？

何謂「定義價值」？

在STEP 1「定義市場」中，我們討論了讓自己能造福最多人的「對象選擇法」。

只要能夠幫上更多人的忙，就能更加提高自己的存在價值。其結果就是，可以得到更多的報酬。

在接下來STEP 2的「定義價值」中，我們一起來思考**怎麼做才能幫上對方的忙**。

舉例來說，你要成為一名YouTuber，就要先思考你的觀眾是誰。

為了活用在「定義市場」學到的思維，盡可能擴大服務對象，在此假設你以「嗜好是看YouTube的人」為對象，開設了一個「反應（reaction）影片」的頻道。

「反應影片」就是YouTuber看了人氣影片或音樂影帶後，進行評論、分析，或者表現出誇張的感動，是YouTube才有的領域。因為是娛樂內容，觀眾族群較廣，另一個魅力則是門檻較低，任誰都能挑戰。

只要你做的事有益於世界、有益於世人，最後也將有益於你自己，為你帶來成功。

——松下幸之助（Matsushita Konosuke，松下電器創辦人）

《有益於世界、世人及自己的經營論》磯邊剛彥／著、白桃書房

那麼，「嗜好是看YouTube的人」，對娛樂的需求是什麼呢？例如：可以用來打發閒暇時間，或是讓自己沉浸在影片的世界裡。對於娛樂，每個人追求的「價值」都不一樣。所以我們要找出的是你要提供價值的對象集團，**其需求的最大公約數**。這就是所謂的定義價值。

行銷所謂的價值，是「對方有感的價值」。既然價值的取決權在對方手上，「定義價值」的過程，重點便在如何「傾聽對方的意見」。

「傾聽對方的意見」只是一種比喻，實際上指的是「理解對方的需求為何」，包含對方沒有意識到的事，或者即使意識到卻不想宣之於口的事。

❖「定義價值」必須在創造商品或服務之前進行

如果是可以用手機輕鬆攝影，在自己的個人電腦編輯的YouTube影片，你可以先上傳幾支影片，之後再傾聽觀眾的意見（分析視聽數據），逐漸鎖定內容的方向。這也是定義價值的方法之一。

但是，汽車這類商品就無法先試做、試賣。

在這個前提下，行銷發展出**一套製作商品或服務「之前」，先傾聽對方意見的技術或訣竅**。接下來STEP 2要說明的，主要就是這方面的技術和訣竅。

即使是能夠輕易修正軌道的YouTube影片，開始的第一步如果就大走偏，事後的補救調整也會很困難。

還有個人的職涯規畫，如果你花費數年學的卻不是市場需要的經驗或技能，之後想修正軌道也是相當困難。

而行銷的實務也是如此，就算是立志「像行銷人那樣生存」的我們，如果**搞錯了價值的定義，之後的努力有可能全是白費工夫**。這麼一來，就無法達成造福許多人的目標。

為了預防這樣的事情發生，**事前仔細傾聽對方的意見非常重要**。我們必須使用行銷的技術，先詳細地理解「對方的需求是什麼」。

行銷人的生存術
POINT 27

定義對象之後，接下來你要知道的是「對方的需求為何」。

為了「理解對方」，你需要「知識」與「技術」

❖「理解對方」不是件簡單的事

理解對方的需求，說來簡單，實際上做起來並不容易。

想像一下醫生理解患者的過程。來醫院求醫的患者，每個人都有各自的困擾症狀，卻不知道自己需要的是什麼。應該說，正因為不知道自己需要什麼，才會來醫院就醫。

舉例來說，因頭痛而困擾的患者，無法靠一己之力得知問題的癥結點在哪裡。於是，患者前來求醫，請醫生幫忙「診察」。而診察屬於醫療行為，需要專業的「知識」和「對話技術」，並非任何人都做得到。

在「知識」方面，首先需要有系統地理解患者的問題。

醫生必須知道引起頭痛的原因有哪些，做出不同的假設。另外，醫生還需要知道，不同的原因應該搭配怎樣的療法。

我從患者的立場來觀察醫生，發現「詢問症狀的方法」其實也需要技巧。「頭痛的感覺是『一陣一陣地抽痛』？還是『被箍緊的感覺』呢？」醫生問診時會像這樣將症狀具體化，一步步地鎖定造成頭痛的原因。

這就是「對話技術」。

說到對話，大家容易覺得只有「問」跟「聽」而已，但診察的目的在於了解對方自己也不知道的事，因此光靠語言的溝通仍然有限。對醫生而言，觸診或檢查也是與患者之間的重要「對話」。

❖理解對方也沒察覺到的「他的願望」

而行銷中的理解對方過程，跟醫生看診很類似。

你的對象往往不是很清楚自己需要的是什麼，有時甚至沒發現自己需要某些東西。

對於這樣的對象，你可以使用：

- 價值可分為哪些種類的「知識」
- 問出、挖掘出對方需求的「對話技術」

明確地找出對方的需要，這就是「定義價值」的過程。

行銷人的生存術
POINT 28

使用關於價值的「知識」與「對話技術」，明確找出對方的需求。

「價值的定義」決定了生意的成敗

更重要的是，行銷流程的順序。

「定義價值」必須排在「創造價值」及「傳達價值」之前。前面提過，**價值的定義一旦錯了，之後的階段再怎麼努力，終究還是白費力氣。**

我們使用商業上的實例，針對這部分再詳細說明。

以「魔爪」（Monster Energy）、「紅牛」（Red Bull）為代表的能量飲市場，是每年持續成長兩位數百分比的急速成長產業。相對於此，國產勢力占了大半的營養飲市場，最近數年來持續縮小。

其背景在於「**價值定義**」的差異。

魔爪或紅牛等能量飲不僅包裝時尚，還經常與體育健將或音樂人合作，創造出對消費者而言「有意義」的價值。這就是PART 1的CHAPTER 2中介紹的「情緒價值」。

相較之下，營養飲長久以來一直重視的是「消除疲勞」等實質利益，藉由可遮蔽日光的外瓶或製藥公司的品牌來保證品質。營養飲提供給消費者的價值是「有用」，本書稱之為「功能價值」。

試想看看，你設定為對象的消費者，對滋補強身系飲料要求的其實不是「功能價值」而是「情緒價值」的話，會發生什麼事呢？在這個時間點，勝負已決。「定義價值」這個階段如果扣錯第一顆鈕扣，即使你再怎麼致力於「創造價值」或「傳達價值」，終究也是回天乏術。

也就是說，「定義價值」的過程才是行銷最重要的心臟。接下來，我們將更進一步深入探討這部分。

行銷人的生存術
POINT
29

弄錯「價值的定義」，之後即使再怎麼努力也無法逆轉勝。

2 行銷人「定義價值」的思考與技術

本書多次提及「礦泉水」這項商品。礦泉水對行銷人而言，是興趣永遠不減的研究對象。

內容明明差不多，卻因為各人喜好不同而產生了價格的差距。為什麼會這樣呢？在此我們重新以行銷這個觀點來解析其商業模式。

舉例來說，我創設了一家飲料製造公司，要發售名為「山之天然水」的礦泉水。假設這是從南阿爾卑斯山採汲，在衛生管理嚴格的工廠裝瓶的軟水。

同是軟水的知名天然礦泉水品牌「富維克」（Volvic）如果跟我公司的「山之天然水」以同樣的價格販賣，應該沒有人會買我家的吧。就算價格稍貴一點，大多數的人還是會買富維克。這是因為兩者之間存在了明確的「價值差異」。

這兩種水也許有些微的成分差異，但同是軟水的話，一般人幾乎無法感覺到其中的差別吧。而行銷中的價值指的是顧客「有感」的價值，由此可知，兩者的價值差異並非來自水本身。

那麼，這個差異，究竟源自哪裡呢？

理解價值之後，自行創造該價值的「法則」

要分析這兩種天然水的價值差異，首先要為各位介紹一個「思考框架」（framework）。

這個思考框架就是「事例的抽象化」。所謂「抽象化」，就是從好幾個事例中抽出共同的要點。

分析語言的使用方法，從數種用法中發現其共同點，加以定義，這個過程也是「抽象化」。舉例來說，年輕人經常掛在嘴邊的「有fu」，找出這句話使用在各種場合時的共同點，加以定義，等理解「有fu」這個說法的本質之後，你也能夠運用自如。

行銷中的「思考框架」也是同樣的道理。

從眾多事例抽出共同的重點後，你就能理解事例的本質，還可以自行創造事例。

接下來要介紹的「思考框架」，是將本書的重要主題「價值」的相關事例，經過抽象化之後得到的內容。也就是說，從好幾個與「價值」有關的事例中抽出其共通點，並加以整理，就能理解「價值」的本質，也能夠自行創造出價值。

下頁的圖表2，是我稱之為「價值四象限」的思考框架。

橫軸：功能性或情緒性

縱軸：顯在的（出現在表面）或潛在的（隱藏在背後）

我依照這兩個軸形成的矩陣，將價值整理為四類。接下來，我將以前面提到的「富維克」（Volvic）跟「山之天然水」的差異為例，為各位說明這四個價值。

❖實利價值

第一類是「實利價值」，其定義是「顯在的」、「功能性」價值。

所謂的「功能性」就是「有用」；而「顯在的」就是「眼前毋庸置疑的存在」。

以水來說明的話，像是「解喉嚨的渴」、「水質較硬／較軟（所以好喝）」、「利尿作用強／弱」等「具體的功用」，就相當於實利價值。

正如我反覆強調的，「富維克」

圖表2　價值的四象限（順時鐘方向）

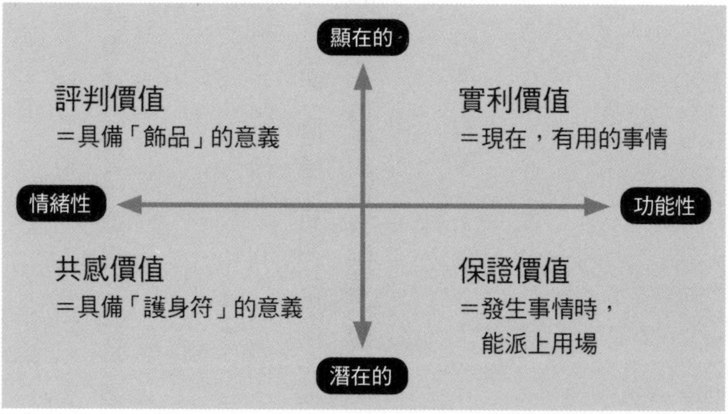

（Volvic）跟「山之天然水」在實利價值這方面，其實沒有太大的差別。

❖ 保證價值

第二類是「保證價值」，其定義是「潛在的」、「功能性」價值。所謂「潛在的」，就是「雖然眼睛看不到，卻確實存在」的意思。「潛在的功能性」意指現在雖然看不到，一旦發生事情時可以派上用場。

以礦泉水來說的話，「水的品質值得信賴」就是保證價值。因為是大型廠商推出的產品，品質應該沒有問題。萬一發生什麼事的話，廠商也會妥善處理吧。直接吃進肚子裡的食品或飲料，消費者想要的保證價值就是再三保證的安心感。

富維克是長年熱銷的世界知名品牌，在日本又由大廠商麒麟公司（KIRIN）代理，具備了強而有力的保障價值。反之，沒沒無聞的新廠商推出的「山之天然水」，其保證價值幾乎是零吧（不過，這類商品還是能倚仗消費大眾對負責販賣商品的零售企業的信賴，所以在店內並非完全賣不出去）。

❖評判價值

第三類是「評判價值」，其定義是「顯在的」、「情緒性」價值。

所謂「情緒性」，就是「雖然沒有實際用處，但對那個人而言『有意義』」。

以汽車為例，即使駕駛性能的數值完全相同，但賓士與國產車的價格就是有差。即使是穿起來的舒適度跟功能同樣好的T恤，買一件普拉達（Prada）的錢，可以買上一百件超市的便宜貨。

這時，賓士或普拉達對於購買者而言，具備了超越性能的「意義」。

當情緒價值是「顯在的」，其「意義」就來自與他人的關係。

舉例來說，開賓士會讓別人認為你是「有錢人」，路上其他車也會避免擦撞到你。雖說這是超越了性能的意義，但在與他人的關係中可以明確地（顯在地）感覺到。

這樣的價值就是「評判價值」。

想像一下，時髦帥氣的女性／男性在健身房運動流汗後，喝富維克礦泉水解渴的情景。那畫面應該如畫一般美吧。特意帶健身房內沒有販賣的富維克礦泉水來喝，在他人眼中會覺得你連小東西都不馬虎、真不愧是超有品味的〇〇〇小姐／先生，大大提高你的身價。

如果是「山之天然水」呢？特意帶不知從哪兒買來的便宜礦泉水來健身房喝，反而會拉低你的身價。

像這樣子，擁有評判價值的品牌，能夠發揮類似「飾品」的威力。**當一項商品對消費者而言能發揮「飾品」般的功能，該品牌就擁有了評判價值。**

在評判價值的對決中，「山之天然水」落後了富維克一大截。

❖ 共感價值

第四類是「**共感價值**」，其定義是「潛在的」、「情緒性」價值。

因為是情緒價值，跟評判價值一樣，也具備了超越功能的「意義」。共感價值跟評判價值的差異在於，其意義並非來自與他人的關係，而是**純粹來自自己的內心**。

如果說評判價值是「飾品」的話，那**共感價值就像是「護身符」**。具備共感價值的品牌，能對消費者發揮「護身符」般的威力。

耐吉（NIKE）就是共感價值高的代表性品牌。

這家公司長久以來一直在支持「crazy」的運動健將。例如：被稱為「網壇壞孩子」的約翰・馬克安諾（John McEnroe），或是因奔放的私生活而有名的NBA球星丹尼斯・羅德曼（Dennis Rodman）。

因為抗議對黑人的種族歧視，在升旗時故意不起身敬禮，因而引發議論的NFL（National Football League，國家美式橄欖球聯盟）選手科林・卡佩尼克（Colin Kaepernick），在耐吉名為「Dream Crazy」的廣告中就擔任旁白解說與主演。被時任美國總統川普（Donald John Trump）批判的卡佩尼克選手，之前已經從NFL的舞台消失兩年，這段期間，耐吉一直在背後支持他。

希望自己也能「crazy」的粉絲，認同耐吉這樣的態度，並從中得到了勇氣。對粉絲而言，耐吉的LOGO就是能讓他們做自己的「護身符」。

像耐吉或蘋果這樣，擁有高共感價值的品牌，大多同時也擁有極高的評判價值。

但反過來就不一定如此。**擁有高評判價值的品牌，不一定擁有高度的共感價值**。

比方說，購買普拉達包包的人，有多少人是因為認同其歷史與信念而買的呢？愛用香奈兒（Chanel）錢包的人當中，又有多少人可以說出其品牌創始人嘉柏麗・香奈兒（Gabrielle Chanel，又稱可可・香奈兒）的時尚哲學呢？

對於不清楚品牌DNA的人而言，普拉達或香奈兒雖然是「飾品」，卻說不上是能讓你做自己的「護身符」。

我們再回到礦泉水的話題。

正如大家所知，富維克是法國的礦泉水品牌。對於認同法國的價值觀、喜歡法國的人來說，喝富維克礦泉水應該可以讓他們得到精神上的滿足。

富維克礦泉水的包裝上，除了from France的字樣，還加上代表法國的藍白紅三色旗，無疑就是主打這一類的消費者。

這樣的滿足感，當然無法從「山之天然水」得到。在共感價值的對決中，「富維克」也將「山之天然水」遠遠拋在腦後。

史蒂夫是唯一能在科技業創造出生活風格品牌的人。以汽車來比喻的話，就是保時捷或法拉利、豐田Prius這類光是擁有就能感到驕傲的製品。因為你開的車反映的就是你的價值。而蘋果的製品，也能帶給使用者這樣的感覺。

——勞倫斯・艾利森（Lawrence Joseph Ellison，甲骨文公司〔Oracle〕創辦人）

《賈伯斯傳》（*Steve Jobs*）華特・艾薩克森（Walter Isaacson）／著，
繁體中文版由天下文化出版，2017年

・・・

正如以上的分析，「富維克」與「山之天然水」在「實利價值」上雖然沒有太大的差異，但在「保證價值」、「評判價值」、「共感價值」這三個價值上，兩者之間有著極大的差距。

這些差距正是兩個品牌的價值差距，更進一步造成了兩者的價格差距。

這樣的價差經常被戲稱為「品牌稅」。也許有人會覺得這樣的價差缺乏實質的價值，非常不合理，但事實並非如此。在價差的背後確實存在了明確的價值差異，只不過那並非「實利價值」而已。

行銷人的生存術
POINT 30

我們可以從「實利價值」、「保證價值」、「評判價值」、「共感價值」這四個方面來思考價值。

決定自己所能提供的價值

關於這四個價值，並不是所有商品都必須完全具備。比方說，應該沒有使用者會對「膠水」或「工業用螺絲」要求評判價值或是共感價值吧。

那麼，**自己的商品到底需要哪些價值呢？**

而且，如果你需要的是「共感價值」，具體來說是怎樣的共感價值呢（需要怎樣的「護身符」呢）？

「價值的定義」可以讓你弄清楚這一點。

因為那是**「理解顧客認同的價值是什麼」**。其原因我已再三說明，行銷中的「價值」，取決於你的對象是否認同。

「定義價值」強調的是**製造價值之前必須先決定其內容**。不過，這是為了表明創造價值流程中的先後順序，若從你與對方的關係這個角度來說，「決定」這種說法或許有些語病。

因為，對方認同的價值，無法光靠你自己來決定。當你將焦點放在自己與對方的關係上，就會知道價值並非自己一人可以決定的東西，而是你必須「從對方身上發現」的東西。

❖ 不刻意製造機會，就無法聽見「顧客的意見」

想要理解顧客認同的價值（找到對方眼中的價值），最有效果的方法就是直接傾聽顧客的意見。

也許有人會覺得，這不是理所當然的事嗎？其實並非如此簡單。

舉例來說，就連每天站在服飾店的銷售員，平時也沒什麼機會可以深入探聽顧客為什麼要買那件衣服、為何會來到這家店。

從事業務工作的話，你會遇到的對象也不一定是商品或服務的最終使用者。有可能是零售店的採購或採購部門的負責人。無論是以個人為對象的商品，或是以法人為對象的商品，營業部門所能接觸到的對象，大多是這些使用者的代理人。

連從事販賣或業務工作的人都這樣，像企畫這類後勤辦公室部門的人，就更不可能有機會可以直接接觸到使用者。

不刻意去製造機會的話，幾乎沒什麼機會可以直接聽到「顧客的意見」。

❖ 在調查中深入挖掘「買的理由」、「不買的理由」

行銷人會使用各式各樣的方法，以求能夠直接聽到顧客的意見。

說到調查，很多人應該會馬上聯想到顧客意見調查表，其實行銷中也經常實施跟消費者面對面對話的調查。

行銷人透過這些調查，深入探討顧客「買」及「不買」某商品的理由。而「買的理由」和「不買的理由」背後，隱藏的正是這些商品的價值。

舉例來說，你要開發的是以關心時尚的男性為對象、重視「洗完好整理」的洗髮精。

有顧客表示他們「會買過但之後不買」這瓶洗髮精的理由在於，「洗完頭髮很好整理，但很難洗掉造型髮膠」。這樣的顧客意見中同時具備了「買的理由」和「不買的理由」，是相當有用的資訊。

新時代的領袖，必須以謙虛的態度，站在他人的立場思考，去理解人們的原動力是什麼。他們必須認識到，自己若想要成功，必須先有益於他人。——喬瑪・奧利拉（Jorma Ollila，荷蘭皇家殼牌集團前董事長）

《未來企業》（*The Key：How Corporations Succeed by Solving the World's Toughest Problems*）琳達・葛瑞騰（Lynda Gratton）著、PRESIDENT出版社（原出版社：McGraw-Hill Education）

由此，我們可以得出這樣的假設：關心時尚的男性對洗髮精追求的是「洗完好整理」，同時「能輕鬆洗掉造型髮膠」的價值。

像這樣子，要問出商品的功能性價值其實不難。但是，**要想問出情緒價值，就需要一些知識**。

比方說，在以機車愛好者為對象的採訪中，有人表示：「無法騎到哈雷，就稱不上是自己的人生。」由此可知哈雷機車對那個人而言，是某種「**護身符**」。因為他對哈雷機車抱有「**共感價值**」。

但這位哈雷愛好者絕不會對你說出：「我想從機車獲得能確保自我風格的『護身符』。」、「我對機車追求的是共感價值。」

各位現在之所以能夠像這樣分析，**是因為已經知道前面介紹的「價值四象限」的思考框架**。不知道的人就算聽了剛才的發言，恐怕也只有「這個人真的很喜歡哈雷呢」的感想吧。

正因如此，在採訪中，由已經擁有相關知識的行銷人，或是讀了本書的各位，直接跟顧客見面並傾聽對方的意見，是非常重要的一件事。

直接見面說話，就算無法直接得到答案，你也能從對方說話的語氣、表情、肢體動作，察覺出許多事情。若想確認你的假設，也可以當場直接追加提問。

雖說是「調查」，並非一定要經由專業的調查公司才能實施這樣的採訪。如果有能讓你輕鬆採訪的顧客或可能成為顧客的人，準備簡單的小回禮，跟對方實際見一面聊聊吧。光是這麼做，就能讓你收穫良多。

❖ 用數據檢證你從「顧客意見」得到的假設

此外，此時你問出的顧客意見，是屬於對方自己的個人意見。這樣的意見不一定能套用在其他人身上。

行銷中的「對象」，不是特定的個人，而是「人的集團」。你從採訪中發現的價值，也許是僅限對方一個人的事實，能否當成「人的集團」通用的事實來看，自始至終只是假設。

這樣的數據稱之為「**定性數據**」，屬於品質高但數量少的數據。從「定性

如果無法委任專業的調查公司，也可以自費找五、六個主婦進行調查。有時候，比起你沒有親身參與的專業調查，這樣的親身調查反而更有用。
——大衛・奧格威（David Ogilvy，現代廣告教父）

《奧格威談廣告》（*Ogilvy on Advertising*）大衛・奧格威（David Ogilvy）、Prion

數據」得到的假設，必須有足夠的「定量數據」來佐證。

此時，行銷實務上會委任專業調查公司進行顧客意見調查。除此之外，你也可以採用其他方法來獲得定量數據。

- 請自家公司的網路雜誌會員做意見調查
- 在官網設置使用免費網路調查軟體製作的意見調查
- 在社群媒體實施意見調查，麻煩認識的親友轉發出去

使用這些方法，也能獲得定量數據來佐證你跟顧客面對面採訪時得到的假設。

行銷人的生存術
POINT 31

透過採訪得出「對方正在追求的事物」的假設，再藉由意見調查來驗證該假設。

前面提過，想要理解對方眼中的價值，需要「知識」跟「對話技術」。

對行銷人而言，**價值四象限的思考框架就是「知識」**，而各種調查相當於**「對話技術」**。這些雖然也是專業技能，卻不像醫生的診療那般，必須先取得證照才能進行。

即使你不是行銷人，也能活用這些技巧，讓「工作」、「職涯」、「人生」變得更好。

接下來，就讓我們來看看這方面的具體實踐案例。

3 在工作、職涯、人生中活用「定義價值」

你的人才價值也有「四象限」

「為什麼那個只會打高爾夫球跟喝酒交際的人能當部長！真正提出企畫和執行的人明明是我和前輩們！」

你是否曾有過這樣的不滿？

我之前也常有這樣的不滿，但不知從何時開始，這樣的不滿就消失了。人們在職場能夠發揮的「價值」本來就各有不同，我是透過行銷人的觀點才理解到這件事。

為了讓各位理解這一點，我想跟各位分享一件事。

目前為止，我待過好幾家公司。工作性質都是站在顧客立場的廣告主，在臉書這類社群媒體通知大家我換公司後，之前合作的廣告業務負責人都會私下傳訊息給我。訊息內容大致可分為以下三個種類。

第一類是「**請介紹接任的人給我**」的訊息。

從對方的立場來說，好不容易透過社群媒體打好關係的客戶端關鍵人物突然離職，打擊當然很大，說不定他們正在籌備某個案子，打算推給客戶呢。從這一點來說，對方這樣的回應也是理所當然的，可以說是業務的基本動作。

第二類是「**就算您換公司，今後我也想跟您一起合作**」的訊息。

對行銷人來說，這無疑是最大的讚美。「所以，如果您方便的話，等您那邊安定下來之後，我再去新公司拜訪您。」這類人當然也不會忘記順勢推展業務活動。

最後一類是「**總之您辛苦了！真的發生好多事呢。讓我辦個慰勞會好好聊一下吧！**」的訊息。他們會把工作擺一邊，先慰勞我再說。

在即將轉職的時間點，比起即將面對新挑戰的雀躍感，更多的應該是即將離開公司的留戀與不捨吧。

他們考慮到這種心情，於是不提今後的事，而是先慰勞我之前的辛勞，陪我一起回顧過往。這樣的心意實在令人覺得既體貼又感動。

❖分析這三種業務員的價值

在此，我想從「她／他服務的公司」角度，來分析每一類業務員在自家公司眼中的價值。

第一類是，**一旦抓住就絕不讓顧客跑掉的積極型業務員**。

面對即將離職的客戶端關鍵人物，業務員如果被離別的感傷情緒過度影響，只顧著說好聽話，該跟客戶交接的業務卻沒說清楚，這樣的人當然無法帶來安定且高度的績效。就「專注業務職責、積極促進生意」這一點來說，**積極型業務員能為組織帶來「實利價值」**，當然可以得到社內的好評。

不過，這類業務員對數字非常執著，有可能為了達到目的不擇手段，難保不出差錯，再說，那種過於強勢的態度，也可能惹出麻煩吧。**如果是沒有這方**

面問題、「保證價值」極高的業務員，自然會受到重用，特別是在合規風險較高的行業中。

在做出成果的同時，還能「不引發問題」、「不擾亂人和」，這一點並非所有人都做得到。當今的風潮雖然推崇強烈的個人風格，如果要擔任中間管理職，能否「穩定地」管理組織，仍被視為重要的基礎能力。第二類業務員也許能以這樣的「保證價值」貢獻組織。

第三類的業務員，重視的則是超越公司的人際關係。

這可能是當事人自身的信念，也可能是組織的文化。要體現這樣的信念與文化，業務員必須發揮天生的感性與共感力。

如果是公司的文化，這樣的人才會成為公司的「臉面」，為公司帶來「評判價值」，並藉由親身體現組織的文化，發揮「共感價值」。

就結果來說，即使我換了公司，今後仍會繼續保持合作關係的，往往是第三類業務員待的公司。這樣的「評判價值」與「共感價值」雖然不容易從短期的數字看出來，但對組織而言，無疑是難得的貢獻。

❖雷根總統的「價值四象限」

如果有人能夠均衡地發揮以上所有價值，自然能夠得到眾人極高的評價。第四十屆美國總統羅納多・雷根（Ronald Reagan）就是典型的例子。雷根總統在任期內採用了名為「雷根經濟學」（譯註：Reaganomics，也是後來日本「安倍經濟學」Abenomics的起源）的經濟政策，恢復了美國的經濟（**實利價值**）。

即使遭遇槍擊，中彈的他依然能夠維持政權營運，讓白熱化的冷戰漸漸平靜下來，其危機處理能力之強，無人能出其右（**保證價值**）。

而他曾擔任過好萊塢演員的優雅舉止、電視節目主持人時代培養的演說能力，作為美國對外的「臉面」，其魅力不只迷倒美國國民，還風靡了全世界（**評判價值**）。

而且，他體現了美國的自由主義理念，徹底對抗威脅其理念的人事物。即使遭遇槍擊中彈被送到醫院，徘徊在生死關頭之際，還能幽默地跟手術工作人員開玩笑（譯註：一九八一年三月三十日，雷根被精神病患欣克利以手槍射擊。中彈的雷根被迅速送至附近的喬治・華盛頓大學醫院進行緊急手術。手術進行時，雷根還向醫生開玩笑：「我希望你們都是共和黨人。」雖然醫生不是，但他仍回覆：「我們今天都會支持共和黨。」）。

如此大無畏的勇氣與幽默感，被視為美國的象徵，深受國民愛戴（**共感價值**）。

雷根作為總統的價值廣受好評，讓當時身為美國史上最高齡總統的他連任兩屆，八年任期結束離開白宮時，依然保有極高的支持度。雷根總統這樣的功績，在他才卸任不久，就已經收入我學生時期的歷史教科書了。

❖人才的價值不是非黑即白，而是彩虹七色

如果能像雷根總統那樣，以高水準發揮所有價值，就能成為國家或企業「傳說中的」領袖吧。以成為雷根總統這樣的人為目標，也是一種選擇。

但是，歷代美國總統中，能像雷根那樣充分發揮所有價值的傑出人物，可說是屈指可數。

在國家或地方政府的高層中，有不少人是因為「評判價值」或「共感價值」獲得好評，再由其親信來補足「實利價值」或「保證價值」。無論是行政機關或企業，我們經常可以看到以下的組合：領導者高揭大膽的願景並致力於推動該願景的實踐；其副手則負責固守組織，妥善處理眼前的工作。

相反地，有人雖然缺乏華麗的背景，外表也不起眼，也沒有什麼遠大的願景，卻能以壓倒性的實務能力，爬上組織的頂端。

一個人的人才價值絕對不是非黑即白。

而是象徵多樣化的「彩虹七色」。

我們明明認同自己購買的商品的多樣化價值，卻不擅長從這樣的角度來認同自己。

我們一邊蒐集不實用、但對自己意義深遠的珍藏逸品，卻怪自己跑業務時做不到「不擇手段」，無法發揮實利價值。

或是反過來只憑數字來誇示自己的價值，對數字以外的其他價值不屑一顧。

❖實利主義的「詛咒」

所謂的「完全實力主義」、「成果主義」，就某種意義來說，其實是一種「詛咒」。大多數的人都被這樣的詛咒束縛了。

因為血緣或關係，徇私採用無法發揮價值的人，這種事情固然值得警戒，但人們應該發揮的價值並非只有「實利價值」。

保證價值或共感價值，也是相當重要的價值（實力）。

泡沫經濟崩壞之後，企業開始調整昭和時代的人事系統，過去崇尚成果主義的日本企業也注意到這個盲點，開始加以修正。對於符合企業價值觀的行動或態度給予重視的「價值觀考核」，正是其中一例。

那個人擁有的人脈能為公司帶來生意，因此，姑且不論倫理道德的問題，靠關係進來的人，對企業而言也具備了某種「價值」。日本職場原本就具備能包容多樣化價值的土壤，較容易接受彩虹七色般的多樣化價值（雖然多樣化的「個人價值觀」依舊不容易被接受），而不是非黑即白的價值。

正如各位已經開始認同自己購買的商品的多樣化價值般，企業也開始認同各位的多樣化價值。**真正無法脫離「人才的價值＝實利價值」詛咒的，也許不是企業，而是你自己。**

即使是追求營業額的業務員，也並非只有積極跑業務並在短期內累積銷售數字的人，才是對組織有貢獻的人。

我們不知道各位所屬的組織如何看待實利價值以外的其他價值，不過，當你覺得「那傢伙為何能得到好評？」而心生不滿時，有可能是因為你只憑實利價值這把尺來衡量你的同事或上司。

你眼中不怎樣的人可以得到公司的好評，換個角度來看，也許是因為各位的組織裡還有實利價值以外的其他評價標準。將視點轉移到其他價值，也許你就能看清楚對方獲得好評的理由了。

你眼中「不認真工作只會跟客戶喝酒交際的上司」，也許就是在我離職時傳訊息說：「總之你辛苦了！」讓我倍感溫情的那個業務員。

如果能夠發現這一點，你就能用更寬廣的視野看待自身的價值，並加以磨練。

如能以這樣的觀點評估你要轉職的公司，找到認同這些價值的組織，也許能為你原本狹隘的職涯發展，帶來一束希望的曙光。

你應該從「價值四象限」的觀點來傾聽的「對象」，首先就是你自己。

判斷一個人的時候，我會以那個人自身的主義、主張來判斷——而非以我的主義、主張。

——馬丁・路德・金恩牧師（Martin Luther King）

《如何贏取友誼與影響他人》（*How to Win Friends and Influence People*，通常又譯為「人性的弱點」）戴爾・卡內基（Dale Carnegie）著、創元社

行銷人的生存術
POINT 32

從價值四象限的多樣化視點，
來評價你自己或同事的人才價值。

了解對方重視的「價值」

我們在「定義價值」階段學會的知識，從長遠來看，不僅可以應用在自己的職涯發展，也適用於職場或家庭的日常溝通。讓我們來看一個案例。

假設你是一個「擅長數據分析，但不擅長領導團隊」的年輕商務人士，而你被拔擢成為一個橫跨公司全部門的大型專案經理，接下來請閱讀這段對話。

【上司1】

這個專案對公司今後十年的發展極為重要，對你的考績也是相當重要的加分點。除了你擅長的分析能力，領導整個團隊一起前進的能力也很重要，這對你的今後成長來說，是絕對不可或缺的能力。

【上司2】

這個專案的關鍵是數據分析。說到分析力，沒人比得上你。沒有人可以替代你。麻煩你了！幫我一把吧！要統領整個團隊雖然辛苦，我相信你一定做得到。

哪一位上司的話會更加「打動你」呢？當然，答案也許因人而異，但我的話，一定是【上司2】。

我在以管理階層為對象的訓練中經常提及這個例子，當我問學員哪一位上司的話比較打動他們，**幾乎所有人都選【上司2】**。根據我個人的統計，理性思考的人更傾向支持【上司2】的說話方式。

那麼，被【上司2】打動的人，難道是容易流於情感、失去理智的人嗎？

當然不是。這是因為他們從【上司2】的話中，發現了「功能性價值」以外的其他價值。

❖「被人需要」這件事的價值

【上司1】強調的是，「考績」與「成長」這樣的「功能性價值」。相對地，【上司2】則訴諸於「情緒性價值」。

首先，「被視為分析的第一人」是參加專案所帶來的「評判價值」。其次，當有人對你說「麻煩你了！幫我一把！」，就是代表有人需要你。對許多人而言，這不就是「對自己而言有意義的事」嗎？這正是「共感價值」。

跟「被人利用」、「被人依賴」相比，「被人需要」的意義大不相同。比起無論對象是誰都無所謂，自己只是恰巧在附近才被找上的「利用」，或是因為沒有其他可以依靠的人才找上自己的「依賴」，對方並非沒有其他人選，卻從眾多人中選擇了自己，像這樣被人「重視」的話，當然會覺得「士為知己者死」。【上司2】就是充分掌握了這一點，才會放心地「倚重」這位專案經理。

當然，「考績」所帶來的加薪和升遷也很重要。不管對方再怎麼「看重你」，光靠這點並無法過日子。保證給予足夠且公平的報酬，才是促使人們積極投入工作的前提。

但是，用加薪跟升遷來回報一個人的貢獻，一年裡也只有幾次而已。而且，每一次都要提供讓所有人滿意的加薪和升遷機會，應該有難度。「個人的自我成長」其實也是相當重要的工作報酬之一，能夠實際感受到自我成長的機會，也許比升遷的機會還要少。

若是如此，那麼在職場的日常溝通中，最基本的報酬並非功能性價值，而是「倚重」、「創造好評與榮譽」這樣的情緒性價值。

【上司2】的話之所以可以打動許多人，正是因為**【上司2】**非常清楚這些價值的意義。

理解價值的思考框架，你就能發現以往隱藏在人心深處的「看不見的價值」。在此雖然以上司與部下的關係為例，但這樣的溝通方式，也能應用在包含親子關係在內的各種人際關係。

如果能夠意識到這一點並活用在日常的對話中，相信各位的人際溝通一定可以變得更美好。

行銷人的生存術 POINT 33

將價值的思考框架應用在所有溝通場合中。

從聊天中問出對方重視的「價值」

❖「聊天」也是一種行銷調查

想要學會這樣的溝通，首先需要掌握STEP 2中整理的「價值的體系」。

光是這樣還不夠。你還需要具備從多樣化的價值中「問出」對方最在意什麼的能力。

我並非業務方面的專家，但擔任廣告主的經驗很長，有許多機會成為廣告業務打交道的對象。我以這種立場仔細觀察，發現優秀的業務員都有一個共同點。

那就是，**重視聊天**。

當然，我指的並非單純的聊天。她／他們會**在聊天時不著痕跡地打探，對身為顧客的我們而言，最重要的是什麼**。

大多數的情況下，人們無法明確用言語表達自己真正想要的是什麼，不少人甚至連自己的需求都不知道；即使知道需求並能用言語來表達，有時也不見得想對別人說。

採訪顧客時，行銷人會充分活用自身的溝通能力，從對方說話的語氣、動作、表情找出提示，此時最重要的一點就是，**對方必須處於放鬆的狀態**。

當對方處於放鬆狀態，你就更容易引出他的真心話。因此，民生消費品企業才會經常進行到消費者家拜訪的「家庭訪問」。

基本上，業務員親自去消費者的家裡拜訪，並非出於禮數，而是為了讓對方放鬆。而讓對方更加放鬆的「祕訣」，就是聊天。

聊天也算是一種顧客採訪。

優秀的行銷人不僅充分理解價值如何成立，還擅長以這樣的「知識」為基礎的「對話技術」，打聽出對方所重視的價值。技術跟知識不同，想要熟習一門技術，只能仰賴不間斷的重複練習。「顧客採訪」正是練習對話技術的大好時機，不用擔心沒有機會。

換個角度想，明天起你在工作中與顧客、上司、下屬、其他部門同事之間的「聊天」，都有可能成為「顧客採訪」的練習。

❖ 把聊天當作「顧客採訪」

跟各位介紹一個顧客採訪的實踐案例。

書籍宣傳時經常會用到名為「三八廣告」的報紙廣告。這是將報紙下方三段的廣告版面（譯註：日本的報紙廣告尺寸，通常以段數來表示，例如：五段、三段。報

我自己越放鬆，來賓也會越放鬆。如此一來，就會有一場最棒的採訪。
——賴瑞．金（Larry King，美國主持人、談話節目天王）

《第三道門》（*The Third Door*）艾力克斯．班納言（Alex Banayan）著、繁體中文版由三采文化出版、2019年

紙一整面可分為十五段，三段的版面空間為長九．九×寬三七．九公分），橫向分為八等分，猶如七夕「許願短箋」般的廣告。

這樣的宣傳方式以前非常有效，曾有一段時期，大型出版社還會爭奪這個版面。不過，如今報紙的發行量減少，已經無法期待以前的效果。我問過之前幫我出書的出版社廣告負責人，報紙的三八廣告現在效果如何，對方開玩笑地說：「老實說沒什麼實際效果，其實就像七夕節許願那樣。」

其實，報紙廣告本身無法測得其效果，效果的好壞都只是推測而已。

相較之下，數位廣告只要小金額就能刊登，還能設定詳細的目標對象，而且效果馬上就能看到。所以我以行銷人（不是作者）的立場，推薦出版社的廣告負責人嘗試數位廣告，對方卻遲遲不肯答應。

某天，出於個人興趣，我假設自己是數位廣告的業務員，進行了業務活動的模擬演練。

數位廣告到底哪一點比不上「三八廣告」，如果有的話，我想問出那個答案。這就是在探索對方「買」三八廣告的理由，以及「不買」數位廣告的理由。就實利價值來說，數位廣告的效果明顯比較好，因此我認為三八廣告一定具備了直接問對方很難發現的、除了實利價值以外的其他價值。這麼一來，就只能靠「聊天」來尋找答案。

顧客採訪的基本，就是成為能讓對方暢所欲言的好聽眾。採訪者當然不能只顧聊自己想說的事，必須展現出你對於對方的興趣，藉由你的表情與語氣，讓對方覺得自己說的話有極大的價值。

讓聊天成為顧客採訪的祕訣，也是同樣的道理。

「○○先生目前為止做過幾支三八廣告呢？」

「真是太厲害了！其中最棒的傑作是哪一則？」

像這樣開啟話題，先問出對方引以為傲的「戰績」和「傳說」。從對方說的話中，探索他眼中三八廣告的價值在哪裡，以及他對數位廣告又有怎樣的懸念。

透過聊天，我們可以知道以下的事：

跟人聊天的時候，要以對方的事情作為話題。這麼一來，對方就會樂意聽你說話，即使好幾個小時也樂在其中。

——班傑明・迪斯雷利（Benjamin Disraeli，英國政治家、小說家。前首相）

《如何贏取友誼與影響他人》（*How to Win Friends and Influence People*，通常又譯為「人性的弱點」）戴爾・卡內基（Dale Carnegie）著、創元社

首先是對方對數位廣告的懸念。數位廣告的缺點之一，就是不知何時會被刊載於哪裡。說極端一點，廣告甚至有可能被發布在色情網站或犯罪支援網站。一旦發生這種事，就會損及大眾對書籍、作者以及出版社的印象。

報紙可說是風險最低的媒體，其「**保證價值**」很高。對於以信用為賣點的出版社而言，這無疑是他們最重視的價值。

此外，如果不知道何時會刊載，那麼廣告負責人和作者都無法確認該則廣告。負責人無法藉由報告「書在○○登廣告囉！」跟相關人士一起炒熱氣氛。作者也無法在社群媒體跟親朋好友炫耀「我的書在○○上廣告囉！」就這一點來說，**在具權威性的報紙上刊載廣告，對負責人跟作者而言，都具有極大的「意義」**。這就是所謂的「**評判價值**」和「**共感價值**」。

以上分析的關於「三八廣告」的優點，負責人可能「隱約有感覺」，卻無法明確地用言語來分析他所看重的價值。正因如此，即使他們會自嘲「其實就像七夕節許願那樣」，卻依舊無法捨棄報紙的三八廣告，改為數位廣告。要想找出這樣的重點，「聊天」無疑是最強而有力的武器。

如果我是數位廣告的業務負責人，一定會馬上將這樣的發現回饋給廣告商品的開發負責人。要求對方開發只能在沒有風險、具權威性的網站刊載，而且可以截下畫面，寄給負責人確認的數位廣告。

如果能夠開發出這樣的數位廣告，不僅這位負責人可能願意採用，其他出版社跟進採用的可能性很高。

❖因為「不了解對方」才能得到的智慧

將這樣的行銷思維應用在工作或日常生活，我們會發現：所謂「了解對方眼中的價值」，其實就是了解「人心」。

不過，人心其實相當難懂。

就連我的雙親一定也無法想像現在的我在想什麼、是在怎樣的想法下寫了這本書。人只要活著並不斷成長，想法也會跟著每天改變。

應該說，行銷就是以「人心難解」為前提的一門學問。

理解人心的能力往往被視為一種與生俱來的特質。當然這種能力也有可能是天生的，但即使再「明白人心」，又能理解自己的家人、朋友、戀人的想法到怎樣的程度呢？

理解人心對任何人而言，都是一件很困難的事情。正因如此，企業與商人才會拚盡全力，致力於累積行銷這門學問的智慧。

的確有一些天才，無論面對個人、集團或大眾，都能自然而然地理解對方的需求。所謂的「暢銷製造者」就是這樣的人吧！如果你自信自己就是那樣的人，也許就不需要閱讀本章。

然而，如果你不是這樣的天才，也無須絕望。因為我們還有「行銷這門智慧」，可以幫助我們理解人心。

行銷人的生存術
POINT 34

讓「聊天」成為「深入了解對方需求的顧客採訪」。

STEP 2

定義價值TRY

BUSINESS
商業

思考看看，你公司的商品和服務，
提供了「價值四象限」中的哪些價值。

CAREER
職涯

從「價值四象限」分析你可以提供給公司的價值。

PRIVATE
私人生活

對家人或朋友「提出要求」時，
試著從「價值四象限」的角度來打動對方。

STEP 3

創造價值——了解「自己應該做的事」

1 為何要「創造價值」？

記住創造價值的「食譜」

STEP 2 中說明的「定義價值」，是行銷的心臟。

但是，無論你價值定義做得再好，光這樣還是無法安心。**如果你無法實際創造出那個價值，終究只是「紙上談兵」。**這麼一來，你當然無法真的造福任何人。

在「市場定義」中，我們設定了作為對象的集團。在「價值定義」中，已經明確知道對象有感的價值是什麼、對方追求的是怎樣的價值。

那麼，**接下來要探討的就是，為了提供該價值，應該製造怎樣的商品、服務或內容。**

舉例來說，你要開始當YouTuber，具體來說應該製作怎樣的影片呢？應該準備怎樣的地點、布景或服裝，頻道要下什麼標題、影片該拍多長時間……你必須決定的事情非常多。

為了決定這些事，首先你必須理解「哪些要素跟哪一項價值有關」。如果是功能性價值，還可以想像，但若要創造情緒性價值，又該怎麼做呢？這一點是不是比較難想像。

即使可以想像自己要開發的是甜美、濃郁、口感滑順的布丁，如果不知道需要哪些材料、必備料理器具、製作順序等「食譜」，就無法讓你的想像成形。

「創造價值」也是同樣的道理。**為了實現對方所需的價值，你必須知道如何創造出該價值的「食譜」**。

❖料理需要「請顧客試吃」，價值也是

每個人的味覺都不一樣。但是，某人嘗起來是甜的食物，別人嘗起來卻是辣的；某人嘗起來是鹹的食物，別人嘗起來卻沒味道，應該不會有這種事吧。

然而，**價值觀的多樣化是味覺無法相比的**。

有人願意花數萬日圓買「Kokeshi木偶」（譯註：日本傳統的木偶，其特徵是與身體不成比例的大頭），有人會重複買一百張偶像的同一張CD。這樣的消費行為，對於不懂這些物品價值的人來說，簡直是難以理解。

因此，接下來要介紹的「價值的食譜」，只能大致告訴各位材料與料理器

具，像是：要創造評判價值的話，需要注意「包裝」；要創造共感價值的話，需要著重「主張」（關於此處提及的「包裝」或「主張」，之後會詳細說明）。

具體來說該怎麼料理，必須一邊請顧客幫你試吃，一邊進行調整，而非自己嘗過味道就自行決定。

也就是說，即使在這個階段，行銷人依舊需要維持跟對象的對話，進行商品跟服務的開發。

行銷人的生存術 POINT 35

了解「價值的食譜」，透過與對象的對話來創造價值。

GAFA的強項在於「創造價值」

與對象（顧客）的對話，即使在開發出商品或服務之後仍要繼續。

像是進行顧客滿意度調查，或是舉辦使用者或粉絲活動，問出可以做得更好的地方或顧客希望改善的點。

其實，谷歌（Google）、臉書（Facebook）、亞馬遜（Amazon）這類超大規模的網路企業，徹底追求的就是這樣的思維模式。

這些企業中有專家專門分析顧客在網站或APP留下的「足跡」，他們會找出顧客覺得不好用的地方，每天進行改善。

身為使用者的我們之所以沒發現，是因為那些改善相當細微。其細微的程度，有時甚至可以稱之為「著魔」。

實際上，亞馬遜的行動指南，第一條就是「顧客至上」（customer obsession）。「obsession」意指「念念不忘」。其中「猶如執迷般，徹底從顧客的觀點思考」的訊息非常強烈，而且絕非只是嘴上說說而已。

大家都知道，谷歌、臉書或亞馬遜都不是搜尋引擎、社群媒體、電子商務的「始祖」。三家企業所在的領域早已經有先驅者。

即使如此，這三家企業之所以能夠稱霸世界，不就是因為他們對功能或使用方便的徹底追求嗎？而這樣的改良，必須透過跟顧客持續的對話。

谷歌或臉書的日本分公司幹部中，有不少人來自寶僑公司等大型民生消費品企業。民生消費品的行銷人之所以適合大型ＩＴ企業，我認為原因在於**透過對話來開發商品的這套過程很類似。**

那麼，接下來讓我們透過實際的行銷實務，看看「價值的食譜」或「透過對話的商品開發」該怎麼實踐。

> 行銷人的生存術
> POINT 36
>
> 「透過持續對話的商品開發」正是ＧＡＦＡ躍進的祕密。

最重要的是，要以顧客至上。我們的目標是成為這個地球上最以顧客為尊的公司。

——傑夫・貝佐斯（Jeffrey Preston，亞馬遜創辦人）

「Amazon：The Most Convenient Store On The Planet」Shep Hyken、Forbes（forbes.com）

2 行銷人「創造價值」的思考與技術

商品開發者的「責任分配」

在說明行銷中「創造價值」的實務之前，我想先跟各位談談與這個工程相關的其他部門跟行銷部門的「責任分配」。

有些公司的商品開發會全權交由研究開發部門（R&D，Research and Development）負責。在這些企業服務的人，可能比較難想像行銷如何參與商品開發。

說到將價值化為有形的商品或服務，也許有人想到的是在工廠進行的商品「製造」，但這部分不屬於行銷的範疇。

行銷在商品開發中所扮演的角色，就是參與設計交給工廠用來「生產」、「量產」的「設計圖」。

以往為止，在諸多日本企業中，大多由研究開發部門來負責設計圖的製作。而行銷部門的守備範圍，主要是在下一個階段的「傳達價值」（廣告宣傳）。

但是，在歐美的民生消費品企業，長久以來，設計圖的製作跟行銷部門息息相關。而近年來在日本，轉為歐美型結構的企業也增加了。

其理由在於**企業間「功能、品質」的同一化**。以價值來說的話，就是「**實利價值」或「保證價值**」這方面，各企業之間沒有太大的差異。

無論是民生消費品、家電或化妝品，基本功能都同樣優良，沒有太大的差異，這是現代社會的現狀。就算實際上有差距，頂多也是像電視遙控器的蓋子上隱藏了其他功能按鈕般，但使用者根本不會太在意那個差距。

今時今日，在諸多商品的領域，**決一勝負的重點已經從原本的「功能、品質」，逐漸移向「主張」或「外觀（包裝）」**。以價值來說的話，現今的世界是以**「評判價值」或「共感價值」**來決一勝負。

這樣的價值並非來自研究開發的實驗室，而是深植於顧客心中。因此，行銷人作為理解顧客的專家，也開始深入參與商品的開發。

當然，對於技術進步快速的ＩＴ類商品來說，「功能、品質」還是很重要。不過，正因為進步快速，永遠有無數個新技術和功能等待亮相。

再加上工程師的人事費用水漲船高，商品開發費用只增不減。舉例來說，智慧型手機的開發費用，如果是大專案的話，甚至有可能高達數十億日圓。

因此，要以怎樣的「功能、品質」跟競爭對手拉開差距，是IT類商品不容失敗的生死存亡關鍵。企業若想明確理解顧客的需求，消除所有「失敗的可能」，自然會加入行銷的觀點。

如此一來，現代的商品開發，便逐漸演變成行銷部門與研究開發部門的共同作業了。

行銷人的生存術
POINT 37

越來越多的企業在商品開發上，採取行銷部門與研究開發部門「共同作業」的方式。

「定義價值」與「創造價值」的關係

在「商品製作」中，「定義價值」與「創造價值」的概念容易混淆，在此將兩者的關係整理為圖表3。

將功能性價值化為實際有形事物的是研究開發部門，而關於情緒性價值，「定義」與「創造」則由行銷主導。

❖商品是「功能、品質」、「主張」、「外觀（包裝）」的集合體

先前使用了「功能、品質」、「主張」、「外觀（包裝）」這些說法，本書將「商品」分解為這三個元素。

這是參考了以下「行銷6P」的思考

▌圖表3　商品開發中，研究開發部門與行銷部門的關係

	理解顧客對商品、服務追求的是什麼（定義價值）	商品、服務的具體設計（創造價值）
功能性價值（實利價值、保證價值）	研究開發＆行銷	研究開發
情緒性價值（評判價值、共感價值）	行銷	行銷

方式。

Price：價格

Position：主張

Product：功能、品質

Pack：外觀（包裝）

Place：販賣通路

Promotion：廣告宣傳

「行銷6P」就是將「行銷4P」中「Product」（商品）部分，拆解為「Position」（主張）、「Product」（功能、品質）、「Pack」（外觀、包裝）三個元素的思維。

首先，我們以具體例子來說明「Position」（主張）與「Product」（功能、品質）的差異。

最近，東京神樂坂有一家主打「一人專用個人房」的三溫暖開幕了。我很喜歡三溫暖，覺得這是很棒的服務。

而靜岡有一家名叫「三溫暖shikiji」的三溫暖。這裡被稱為三溫暖的「聖地」，全國的三溫暖愛好者都會來這裡「巡禮」。雖說這裡除了三溫暖以外沒有其他特點，但三溫暖的品質極高。

「三溫暖個人房」與「三溫暖shikiji」，無論哪一邊服務都很優良，只是優良的評估標準不同。後者是單純的品質優良，而前者的優點在於「提案的切入點」。

用來衡量商品或服務優良與否的標準，除了「功能、品質方面的優良」之外，還有「提案的切入點」，也就是說，在6P中，除了Product（商品的功能、品質）元素外，還分出「提案的切入點」這個元素，即「Position」（主張）。

Position這個英文字也可以翻譯為「命題」或「提案」等意思，本書中統一翻為「主張」。

「主張」原本是無形的「概念」，光靠概念無法產生價值，必須藉由「功能、品質」或接下要來說明的「外觀（包裝）」來實踐。此外，如果你的主張是「環保」

的話，就需要有實際的行動，例如捐款給環保團體等，以實際行動將你的主張具體化。因此，各位務必注意這一點：「功能、品質」或「外觀（包裝）」不一定等於你的「主張」。

「外觀（包裝）」指的是包裹商品的整體外觀。

比方說，有人要你在腦海中想像洗髮精「思波綺」（TSUBAKI），我想應該沒有人會想起白色濃稠狀的液體吧。會想到這個的人，應該只有製造商的研究開發負責人吧。

對普通消費者而言，一提到洗髮精，首先想到的應該不是裝在瓶子裡的液體，而是他們在店家或廣告看到的外包裝。也就是說，**包裝才是商品。**

製作優良的洗髮精液體，與製作優良的洗髮精包裝，需要用到的腦袋或知識完全不同。正因如此，6P才會將這兩項區分為「「Product」（功能、品質）與「Pack」（外觀、包裝）來思考。

「功能、品質」、「主張」、「外觀（包裝）」這三項，才是真正創造出價值的「原料」。

❖ 以三種原料的「組合」，創造你定義的價值

在STEP 2「定義價值」中決定要提供給顧客的「價值」，只要適當組合以上三種原料，就能夠實現（圖表4）。

「功能、品質」能夠產生「實利價值」、「保證價值」。

「主張」則是「評判價值」與「共感價值」的源頭。另一方面，「刪除多餘的東西，極致追求○○原本功能的商品」這樣的「主張」，也能成為「實利價值」、「保證價值」的基礎。

「外觀（包裝）」主要體現的是「評判價值」，藉由將「主張」具體化，還能同時產生「共感價值」。

這部分的說明比較抽象，各位也許不好理解，之後我會以具體案例來解說。

圖表4　價值的食譜

	實利價值	保證價值	評判價值	共感價值
功能、品質	○	○		
主張	（○）	（○）	○	○
外觀（包裝）	（○）	（○）	○	（○）

此外，接下來這段內容以本書來說可能太過專業，請各位姑且當作閒談參考一下。外觀（包裝）其實也是跟「實利價值」、「保證價值」息息相關的重要元素。

舉例來說，可以一邊跑步，一邊用嘴巴開關的運動飲料瓶蓋，就是藉由商品包裝來實現實利價值。而像洗髮精之類的包裝，也下了功夫確保裝在瓶子裡的液體可以長保品質，這也可以說是在實現「保證價值」吧。

關於實現功能性價值的「功能、品質」，行銷部門會跟研究開發部門一起「定義價值」，但「創造價值」的工程則是由研究開發部門來主導（圖表5）。

圖表5　價值的原料與各階段的負責部門

	理解顧客對商品、服務追求的是什麼（定義價值）	商品、服務的具體設計（創造價值）
功能性價值 →「功能、品質」	研究開發＆行銷	研究開發
情緒性價值 →「主張」、「外觀（包裝）」	行銷	行銷

舉例來說，先由行銷部門定義出「洗完後好整理，還能輕鬆洗掉髮膠的男性專用洗髮精」這樣的價值，再由研究開發部門研發實現該價值的配方，像這樣雙方進行兩人三腳的合作。

另一方面，主要掌管「情緒性價值」的「主張」、「外觀（包裝）」，從「定義價值」到透過「創造價值」，一貫都是由行銷來主導（不過例外也很多）。

行銷人的生存術 POINT 38

以「功能、品質」、「主張」、「外觀、包裝」的組合來創造價值。

提出概念

目前為止，我說明了創造價值的「原料」——「功能、品質」、「主張」、「外觀（包裝）」。接下來要思考如何組合這些要素，才能實現期望的價值。

開發商品或服務時，首先要提出「概念」（concept）。此處的概念，指的是「社內的開發概念＝商品企畫書」，並非專門用來吸引顧客的廣告文案概念。

開發概念（商品企畫書）裡記錄了商品、服務的「功能、品質」、「主張」、「外觀（包裝）」各項該怎麼做。要提供怎樣的價值，在「價值定義」階段已經決定了，而為了實現這樣的價值，「功能、品質」、「主張」、「外觀（包裝）」各項該是怎樣的內容，像這樣詳細列出許多規範。

❖ 解構「IROHASU天然水」的概念

商品或服務的「概念＝商品企畫書」具體來說長什麼樣子，包含格式在內，是各家公司的獨門訣竅與企業祕密，我們無法一窺究竟。

但是，**觀察市面上的現實案例，並加以分析，其實可以回推企畫書的內容。**這樣的練習在行銷的世界是普遍的做法，像博報堂DY集團（譯註：Hakuhodo DY Holdings Incorporated，日本國內第二大廣告公司，僅次於電通）就將其稱之為「解構」（deconstruction），經常進行訓練。

在此，我們以日本可口可樂販賣的「IROHASU天然水」為例，試著「解構」其概念。

「實利價值」與「保證價值」必須藉由「功能、品質」來實現。

就這方面來說，「IROHASU天然水」的「價值」在於「解喉嚨的渴並補充礦物質的天然水」、「嚴格品管帶來的安全感」。但是，光靠這樣，無法跟其他無數品牌的天然水拉開差距。

此時，就換「主張」與「外觀（包裝）」出場了。**這是產生「評判價值」或「共感價值」這些「情緒性價值」的重要元素。**

雖說商品網頁上沒有明寫，我想「IROHASU天然水」的「主張」應該是「（不同於本應對環境有害的寶特瓶製品）對環境友善的水」。

這個「主張」是我想像中「IROHASU天然水」開發概念（商品企畫書）裡的文字。企畫書中的「主張」，有時可能跟實際廣告中的文案不一樣，就這是What to Say（要說什麼）與How to Say（如何說）的差異。關於這一點，正如PART 1中CHAPTER 2的說明，在之後的STEP 4還會再次複習。

藉由強調這樣的「主張」，使用者會覺得自己堅守了「環保」這項自身重視的價值觀，並因此得到精神上的滿足感。這就是「**共感價值**」。

在行銷中，捐款給慈善團體也可以視為「價值的交換」。捐款的人（在不欲人知的情況下）百分之百單純是拿金錢來交換「精神上的滿足感」。即使物理上沒有任何回報，他們卻仍樂於付錢。思考「捐錢」這個行為背後隱藏的心理，各位應該可以充分理解共感價值的力量吧。

正如「良知消費」（Ethical Consumption）這個說法，世人最近開始重視這種精神方面的滿足感，尤其是年輕世代。就這層意思來說，**商品的「主張」將成為決一勝負的關鍵**，而這樣的傾向，在今後所有商品中將越來越強烈。

這樣的「主張」，**倘若只是「嘴上嚷嚷」當然不行**。光說不做的「主張」，就長遠的眼光看來，一定會露出馬腳；假使這樣的做法一時成功了，也算是詐欺。

「IROHASU天然水」透過「一〇〇%再生寶特瓶」、「全國六處採水地」等行動，用來支持他們對「環保」的主張。

「主張」必須經由「功能、品質」、「外觀（包裝）」，或是此案例中支持該主張的實際行動將之具體化。

❖ 如何創造「評判價值」

接著，我們再來分析其他情緒性價值。「環保消費」也能成為某種時尚。也許是希望被周遭人認為自己「知性且走在時代的尖端」，因此有不少人選擇環保商品（其實我自己也是如此）。

豐田汽車的油電混合車Prius因為知名演員李奧納多・狄卡皮歐（Leonardo DiCaprio）喜歡，並推薦給自己的粉絲，因而一躍成名。而像卡麥蓉・狄亞（Cameron Diaz）或潔西卡・艾芭（Jessica Alba）等海外名人對環保議題也相當關心。因為這些名人的加持，環保消費成為一件很酷的事情，引領了「環保即時尚」的風潮。

除了以實際行動來支持「主張」，「外觀（包裝）」也是用來表現「環保」的好方法，不僅可以加深顧客的共感，使用者還可以對外宣傳自己對環保議題的關注，進一步被周遭視為知性且先進的人，創造出其他情緒性價值，即「評判價值」。

此處所說的「外觀（包裝）」除了實際的商品外觀＝容器（狹義的包裝）之外，還包含商品名稱、商標、視覺標示（VI，visual identity）、店內的陳列在內。

所謂的視覺標示，就是該商品相關廣告品的設計準則。例如使用商標時要遵守這樣的規則、商標中的綠色是這樣的色調、字型請用這個等等，詳細條列了關於設計的規定，必須嚴格遵守這些準則。

「IROHASU天然水」在「外觀（包裝）」的設計也非常優秀。

首先，商品的命名極好。「ROHASU」的發音跟重視健康及永續環保的生活方式「樂活」（LOHAS，lifestyles of health and sustainability的縮寫）相同，非常簡單好懂，但過於強調這一點未免又缺乏一點新意或獨創性。因此，又加上I，取日本自古以來的「IROHA歌」（譯註：又稱「伊呂波歌」，這是用四十七個假名編成的誦文。後來成為日本人學習認字的基礎，直至近代仍被廣為使用）的諧音，既有環保的意象，還兼具了親民、印象深刻的特點。

容器跟廣告品的設計也是以綠色為基調，一眼就能馬上讓人聯想到環保，而且設計簡約又現代，完美詮釋了「環保即時尚」這一點。

行銷人的生存術 POINT 39

先提出「概念」，即「功能、品質」、「主張」、「外觀（包裝）」的組合。

驗證概念

目前為止，我們「解構」了「IROHASU天然水」的概念（商品企畫書）。光看這樣的分析似乎很簡單，但實際的商品開發其實相當花時間。

原因在於，**整個過程中還必須跟顧客持續對話**。

在「定義價值」的階段中跟目標對象談話之後定義的價值，在「創造價值」的過程中，**也必須藉由跟目標對象的對話來實現那個價值**。

❖ 概念測試與試作品

決定概念之後，就要進行「概念測試」。

這個作業是一邊傾聽顧客的意見，一邊確認「功能、品質」、「主張」、「外觀（包裝）」的組合，能否精準地實現前面階段（定義價值）中決定的價值。

具體來說，就是將商品的特徵以文章或插畫的形式給顧客看，請對方回答有什麼想法的顧客意見調查。

關於「外觀（包裝）」，也會準備幾個具體的設計提案，實際給顧客看，並確認對方的反應。設計提案還可以印在紙上，或是製作模型請顧客確認尺寸大小是否合意，就能得到更正確的調查結果。

經過概念測試後，接下來就進入商品開發，等試作品完成之後，再請顧客試用，並詢問對方的感想。因此，食品製造商都有可以進行調理和試吃的測試廚房（test kitchen），美髮用品製造商則會有美容院般可以洗頭的房間。為了確認包裝的效果，還會在實驗室內模擬店家的樣子，讓顧客實際選擇商品，進行這方面的調查。

像這樣子，針對「功能、品質」、「主張」、「外觀（包裝）」三項，進行細微至極的調整，最後才定案最終版的設計圖。

❖傾聽顧客的意見，改良商品

商品實際上市銷售之後，並不代表商品開發就此結束。還需要分析銷售成績，有時還得直接傾聽顧客的意見，針對商品進行後續的改良。

還有一種做法是以「測試行銷」為名，只在限定的區域鋪貨，以市面上的實際反應為基礎改良商品之後，才在全國通路展開銷售。

「創造價值」的本質，在於與目標對象的對話。

無論是「功能、品質」、「主張」、「外觀（包裝）」，全都是為了實現讓對方有感的價值。重要的是，充分理解這些方法，並藉由與對方的對話創造價值，並將價值打磨得更臻完美。

行銷人平時不會現身在對外的舞台。他們雖然不像業務員那般舌粲蓮花，但他們會透過商品，天天與大眾進行溝通。

現在，請將各位身邊喜歡的商品拿在手上，仔細端詳看看。

你可以聽到行銷人的聲音嗎？

請各位像前面我們解構「IROHASU天然水」那樣，用心傾聽這些商品中隱藏的行銷人的聲音，試著分析你喜歡的商品。

行銷人的生存術
POINT 40

已經決定好的概念，
仍然要傾聽目標對象的意見，持續進行調整。

3 在工作、職涯、人生中活用「創造價值」

創造「計畫中的偶然」

透過實際的職涯體驗，等你確定自己對誰（在哪個市場）、如何貢獻（提供怎樣的價值），接下來你就要學會那個價值，並加以磨練。

但是，要形塑我們自身的人才價值，靠的是實際的職務經驗，在大多數的情況下，無法憑我們的一己之念決定。

因此，我們無法像創造商品或服務的價值那般，主動積極地創造自身的價值。若要在自身的職涯中思考「創造價值」，需要將本書的行銷思維與另一個思維合併思考。

❖「計畫中的偶然」理論

那就是所謂的「善用機緣論」（Planned Happenstance Theory，又稱「計畫性機緣理論」、「機緣論」）。

這是史丹佛大學心理學家約翰・克魯姆博爾茨（John D. Krumboltz）教授提倡的思考方式，他認為成功者的職涯發展都是偶然的累積。

這個理論認為「職涯規畫」是不實際的想法，大多數的「職涯計畫」都沒有真的實現，個人的職涯有八成取決於偶然發生的事件，**一個人只要盡全力去應對這些偶然，就能藉由經驗的累積，為自己開創良好的職涯發展。**

克魯姆博爾茨教授本身既是知名學者也是成功人士，其職涯發展正如他所提出的「善用機緣論」。

教授之所以選擇專攻心理學，是因為他的網球教練剛好在教授心理學。而他會開始學網球，是因為有一天他騎著腳踏車奔馳在一條不曾走過的道路上，恰巧看到小孩子在打網球，覺得他們玩得很開心，所以才動了學網球的念頭。

當然，當時的教授並沒有「我要騎著腳踏車奔馳在不曾走過的路上，將來要成

所謂的職涯規畫（Career Path），是你知道今天自己要往哪裡走，並不代表你知道最終的目的地在哪裡。

——約翰・漢尼斯（John LeRoy Hennessy，

史丹佛大學榮譽校長，Google母公司Alphabet公司董事會主席）

《這一生，你想留下什麼？：史丹佛的10堂領導課》（*Leading Matters: Lessons from My Journey*）約翰・漢尼斯（John LeRoy Hennessy）著、繁體中文版由遠見天下文化出版、2018年

為知名的心理學家」這樣的職涯規畫。

我也支持這樣的想法。

在我周遭也有好幾個在商場上獲得成功，名利雙收的成功人士。**他們全都異口同聲地說：「我很幸運！」**他們在好的時機掌握了好的機會，什麼都沒有多想只是緊緊抓著那個機會不放，結果就有了如今的成就。這不正是偶然的累積嗎？

但是，那些人真的「只是運氣好」嗎？**我認為他們具備了某種行為模式，能將「單純的偶然」轉換為「職涯發展的機會」**。

❖ 一貫性能將偶然連結到你的「職涯發展」

那麼，此處的「行為模式」指的是什麼呢？

舉例來說，有人來挖角你、問你要不要換部門、你有興趣的專案正在招募成員——這些的確都是「偶然」，**但你可以選擇是否回應**。

自己會被發到什麼卡的確是偶然，但從中選擇一張，確實是你自己的意思。而我們在日常的工作中，**每天都需要選擇某張卡片**，這麼說一點也不為過。

要將「偶然」轉換為「職涯發展的機會」，重點在於選擇卡片時要抱持一貫性。而一貫性的根據，在於以往為止的階段中你所決定的「對誰」、「如何貢獻」，亦即「像行銷人那樣」創造自身的價值。

該選擇哪一張卡片，才能讓自己達成最大的貢獻呢？該選擇哪一張卡片，才能為你帶來與自己應該達成的貢獻相關的經驗呢？

像這樣持續自問自答，雖然無法保證你的選擇一定都是正確答案，但的確可以為你的卡片選擇帶來一貫性。

你的人生只能靠著你被分發到的卡片來決一勝負。覺得自己的手氣不好、那個人的手氣好，成天只顧著抱怨，根本沒有任何好處。

乍看之下，這樣的現實相當殘酷，但只要換個想法，或許是件好事。運氣的好壞的確會有個人差異，但每個人都必須靠被發到的卡片來決一勝負，這一點無論誰都是平等的。但是，**從被分發到的卡片中選出一張的人，的確是你自己**。

最重要的不是人家給了你什麼，而是你如何使用人家給你的東西。
——阿爾弗雷德．阿德勒
（Alfred Adler，以《被討厭的勇氣》一書聞名的心理學家）

《阿德勒心理學入門》岸見一郎／著、KK Bestselles出版

只要貫徹一貫性去選擇你被分發到的卡片，就能將偶然的機會化為自己的助力，即使有些被動，但你仍舊可以靠選擇來設計自己的職涯。

❖增加「被發到的卡片」的多元性

如果你還不確定自己該「對誰」、「如何貢獻」，單純專注在「貢獻」也無妨。不知該怎麼選的話，就選擇能貢獻較多人的選項吧。

時下的年輕人，似乎有些過於在意成長或自我實現，反而陷入無法成長的兩難境地。我將這樣的狀況稱為「自我實現的詛咒」。

工作上的成長來自「實務經驗」、「主管的建議」、「閱讀或研修等學習」，其重要性的比例，依照以上的順序約是7：2：1。

如果只是學習機會，想要自我實現的人也能獲得。

但是，絕佳的工作機會只留給對組織有絕大貢獻的人。工作機會少的話，從主管那邊得到建議的機會自然不多。

也就是說，想要成長的話，你一定要先專注於「貢獻」。

我進入微軟後從未想過「好想趕快換到不同部門，這不是最適合我的工作」。我在1992年進公司時，就覺得當時的工作是全世界最棒的，即使是我的最後一份工作也很好。

——薩蒂亞・納德拉（Satya Nadella，微軟CEO）

〔Satya Nadella on the journey to becoming Microsoft's CEO & reimagining technology's impact〕Khan Academy（YouTube）

而這一點，也說明了另一個重要的事實。專注於貢獻，才能增加工作機會（被發到的卡片）的多元性。

我們只要改變心態與行動，就能改變自己被發到的卡片的數量與品質。這正是將「偶然」轉換為「職涯發展機會」的另一個要素。

> **行銷人的生存術 POINT 41**
>
> 專注於貢獻，就能增加「被分發到的卡片」，讓自己每一天的選擇都有一貫的根據，藉此來設計自己的職涯規畫。

社群媒體是「創造自我價值」最棒的練習場

在社群媒體對外發文時，每個人都是自己內容的「商品開發者」。在這樣的前提下，我們一起來思考應該依照怎樣的順序，來為自己的內容「創造價值」。

在「定義市場」的階段決定對象，在「定義價值」的階段徹底思考對方想要的是什麼，接下來終於要實際製作內容，這就是「創造價值」的階段。

舉例來說，我要對外發文。我的目標是在note（譯註：二〇一四年在日本成立的媒體平台，用戶可以自行設定文章是否為付費閱讀，也可以自己將文章編輯成一本雜誌）寫出人氣文章。我的「市場定義」與「價值定義」如下：

- 市場定義：三十多歲的年輕商務人士
- 價值定義：培養可在各商務領域使用的基礎能力&對「不追求出人頭地」價值觀的共鳴

關於市場的定義，我刻意留心不要限縮在「對自我提升有興趣的商務人士」。為了配合這一點，提供價值也設定為較廣義的「培養可在各商務領域使用的基礎能力」。另外，除了功能性價值以外，我也意識到要提供情緒性價值。

那麼，實際上該寫怎樣的內容才好呢？

接下來，讓我們一一針對「功能、品質」、「主張」、「外觀（包裝）」三個要素來思考吧。

❖ 功能、品質

在前面的階段，為了思考「價值的定義」，我實施了簡單的採訪。採訪對象是我作為職場導師，接受其諮詢的一位三十多歲商務人士。她是個非常熱心學習的人，卻不會一味地追求「出人頭地」，而是工作與私人生活兩方面都很充實的女性。

我以活用自己的強項，寫商管類文章為前提，詢問她想讀到怎樣的內容。最後，我將功能性價值定義為「培養可在各商務領域使用的基礎能力」。

以汽車為例，為了實現「世界最高水準的安全性」這類概念性的（無形的）價值，採用的就是「車道偏移防止偵測」等物理性的（有形的）功能。

文章的話，因為也是實現無形的「想法」這樣概念性的價值，無法看出和他人的明顯差距，因此我將「培養可在各商務領域使用的基礎能力」作為文章的主題，進一步將概念及功能更加具體化。

透過採訪，我察覺到對方對「資訊收集方法」的煩惱。

我剛出社會的二十年前，不少年輕人因為公司前輩一句「不讀《日經新聞》的商務人士不值得信賴。」而訂閱《日經新聞》。也許有人會覺得那是個挺麻煩的時代，但關於如何收集資訊這一點，當時的商務人士真的不須過於煩惱。

相較之下，現今收集資訊的方法實在太多了，紙本的報紙或商管書自然不用多說，新聞APP也令人眼花撩亂，而YouTube等影片或線上沙龍更是多不勝數。

因為不知該從中選擇哪一個而煩惱，也是理所當然的事。

藉由這次的採訪，作為「培養可在各商務領域使用的基礎能力」的具體內容之一，我得到的假設是，**如果將「吸收資訊、知識的方法」定為主題，可能會有更多人閱讀**。因此，我將這則文章提供的功能設定為「那個人明明很忙，平時到底是怎麼吸收知識的？——跟高手學習資訊收集術」。

❖ 主張

受訪者之所以無法決定該選擇哪一個收集資訊的方法，另一個原因是她覺得**「現有的方法都不適合自己」**。她在商務類新聞APP或線上沙龍的演出者及觀眾身上，感覺到極為強烈的「我要出人頭地」的成功志向。

她既不想創業，也不想出人頭地或賺大錢。但她想持續吸收知識，拓寬自己的可能性。她覺得既有的商務類內容不太適合這樣的自己。

因此，我才會提出「不追求出人頭地」的價值觀，試圖得到讀者的共鳴。

能夠實現共感價值的，是商品或服務的「主張」。

以剛才提到的汽車為例，近年來消費者不僅會從具體的「功能、品質」，還會以「都市型ＳＵＶ」這類商品的「主張」來選車。ＳＵＶ原本是享受戶外活動的車型，而「都市型ＳＵＶ」雖然不具備那樣的功能，但你會不會想在街上開這種外型的車呢？消費者買單的就是這樣的「主張」。

「都市型ＳＵＶ」的「主張」，就是「想被認為是有玩心的大人」的評判價值，或是「對『享受都市生活』有共鳴」的共感價值。

「享受都市生活」（情緒性價值）與「都市型SUV」（主張）都是抽象的概念。兩者之間的差異（即「情緒性價值」與「主張」的差異）在於，後者是「透過商品」將其價值觀提案給消費者。

因此，在我的note裡，就必須將**「不追求出人頭地」的價值觀，透過這次的商品（文章）提案給讀者**，落實「這是有關○○的文章」、「這是名為○○的文章」的「主張」。

因此，我想出的「主張」是「我的文章可以為你提供『不知道也無妨，但知道後可以讓你人生更加豐富』的知識」。

❖ 外觀（包裝）

note裡有名為「雜誌」的功能，可以將你寫的文章自行排版為「雜誌」。我認為這次的「主張」比起文章的形式，以雜誌的形式來呈現更容易傳達給讀者。因此，我將內容編輯成雜誌，並取名為「知識的雜貨鋪」。

另外，我將內容說明設定為「不知道也無妨，但知道後可以讓你的人生更加豐富。這本雜誌提供的就是猶如雜貨（譯註：zakka，日文中的「雜貨」意指創意與設計充滿巧思的生活小物）般的知識」，將文章收入這本雜誌。

其實雜誌的命名與文案，也是「外觀（包裝）」的一部分。因為「主張」是無形的概念，跟「功能、品質」、「外觀（包裝）」這些有形的要素不同，必須更進一步將其具體化，才能發揮價值。

像照片、插畫、設計等視覺要素，就是外觀（包裝）最重要的項目。

因為note無法客製化設計，在視覺方面無法下太大的功夫。但是，封面跟內文可以自行插入照片編輯，就某個程度而言，其實還是可以主宰外觀給人的印象。

在我的文章中，為了傳達「不追求出人頭地」的價值觀，引發讀者的共感價值，我在封面照或文中插入的照片上花了一點心思，不是使用商業感太重的圖庫照片，而是自行蒐集較具藝術性或知性，給人柔和印象的照片。

行銷人的生存術
POINT 42

在社群媒體對外發文時，要將自己定位為「內容的商品開發者」。

藉由跟目標對象的對話，刷新「自我價值」

目前為止，我跟各位分享了我的note文章的「功能、品質」、「主張」、「外觀（包裝）」。可能有人會認為下一個步驟就是製作商品，但行銷人不會急著這麼做。

此時，你仍然要跟目標對象持續對話。

❖與認識的人、相關人士對話

將我在前面提到的「功能、品質」、「主張」、「外觀（包裝）」整理成文章，就是以下這段文字，這就是文章的「概念」。

不知道也無妨，但知道後可以讓你的人生更加豐富，這本note雜誌《知識的雜貨鋪》提供的就是像雜貨那般、讓你的人生更豐富的知識。第一篇的主題是資訊的吸收。「那個人明明很忙，對新話題的見識卻不俗。他平時到底是怎麼吸收知識的呢？」在此為你解說高手的資訊收集術。

我給幾個人看了這段文字，問他們：「你有興趣嗎？」並觀察對方的反應。也就是所謂的「概念測試」。如果要向對方傳達「外觀（包裝）」的氛圍，也可以貼上文中使用的封面照。

如果詢問親友，大家因為顧慮到你的感受，也許會附和：「好像很有趣！」、「我想讀讀看！」為了避開這樣的偏頗，請朋友或家人代為詢問不認識自己的人，也是一個方法。

❖使用網路測試

最近還有簡易的網路市調，只要花很少的成本就能做。你可以準備幾個概念，觀察大眾對每一個概念的反應，這應該是最確實的調查方法。

其中最簡單、而且我經常使用的，就是用推特（Twitter）來試水溫。我將文章濃縮為一百四十字，投稿之後觀察大眾的反應。因為調查對象是我的推友，在此可以省去自我介紹。

大眾反應的好壞，可以藉由比較推友對你平時發文的反應來掌握。以我的狀況來說，「按讚」數如果只有十個左右就是不好，一百個左右是普通，一千個是反應好，一萬個就是反應相當熱烈，類似這樣的感覺。

而且，推特也有市調功能。這次我就是使用這個市調功能，將「明明很忙見識卻不俗的人，是如何收集資訊的呢？」這個主題，與其他幾個候補主題進行比較。二十四小時內總共得到約三百票，另一個主題「提出假設的方法」跟「資訊收集術」主題的票數不相上下。

確認過市場確實有需要之後，我決定保留「提出假設的方法」作為第二篇文章的主題，接著開始寫關於「資訊收集術」主題的文章。

在推特做市調，固然有調查對象偏頗的問題，但比起什麼調查都不做，還是好很多。本書並非行銷的專業教科書，而是將行銷人的思維作為生存智慧的指南。市調專家可能會覺得這樣的做法不專業，但我只是以各位讀者實際能夠實踐的做法為優先，關於這一點尚請包涵見諒。

❖「從真實的一段文字開始」

之後完成的文章，就是note上的這一篇。

「吸收資訊的重點在於『在腦袋裡種一棵樹』」（https://note.com/pianonoki/：請以關鍵字「資訊的吸收 pianonoki」搜尋」）

這篇文章有幸被選為二〇二〇年十一月「**最受喜愛的文章**」之一。

本來的話，我還應該一併考量「該如何廣為宣傳」這篇文章。但因為這次是「如何創造價值」的案例示範，我就刻意不多做其他事，只是在自己的社群網站上告知自己寫了這篇文章，接下來就是相信文章的內容，內心暗暗祈禱能夠有很多人點閱。所幸結果相當令人滿意，我也鬆了一口氣。

說到「案例示範」，也許有些讀者會誤解。我想告訴各位的並非「這樣寫文章，讀者就會想讀」的訣竅，這不是我想傳達給大家的事。

在此我希望大家注目的不是「訣竅」而是「思維」，**以目標對象的需求為起點，透過跟對方的對話及溝通，創造出對方需要的內容。我想傳達的是這樣的思維及心態。**

諾貝爾文學獎得主海明威（Ernest Miller Hemingway）在其回憶錄《流動的饗宴》（*A Moveable Feast*）中，曾如此說明寫虛構小說時應具備的心態：

「從真實的一段文字開始。」

行銷也是同樣的道理。比方說，行銷人的目標對象是「三十多歲的年輕商務人士」這個集團。但現實生活中並不是真的有這樣的集團，這只是我的假設（虛構）而已。

即使如此，**這樣的假設仍必須始於「一個真實的顧客」**。一切都始於你想幫助那個人、想協助對方解決煩惱，始於這樣人類最直接的情感。接下來才是

雖然我沒對本人提過這件事，但我寫小說時總是想像如果這是寫給姊姊看的，該怎麼寫她才會喜歡。如果我真的達到了某種藝術的統一性，其祕密無疑在於我姊姊。

——寇特・馮內果

（Kurt Vonnegut，美國國民SF作家／黑色幽默文學代表人物之一）

《樂鞭》（*Slapstick*）寇特・馮內果（Kurt Vonnegut）著、早川書房

一邊確認那也是許多人的煩惱，同時用心於開發商品、服務或內容。

所謂行銷，就是這樣的思想。

在社群媒體對外發文，將發文當成「像行銷人那樣生存」的實地訓練，是一件相當有益的事。不過，在實踐行銷智慧的過程中，千萬不能忘記你的初衷——我要造福某個人。

行銷人的生存術
POINT
43

商品、內容的開發，全都始於「一個真實的顧客」。

STEP 3

創造價值TRY

BUSINESS
商業

想想看，你公司的商品、服務，

具備了怎樣的「功能、品質」、「主張」、「外觀（包裝）」。

CAREER
職涯

想想看，你每天的決定是否以「對誰」、

「如何貢獻」作為判斷的基準。

PRIVATE
私人生活

參考STEP 3「創造價值」的內容，

實際在社群媒體上發一篇文章。

STEP 4 傳達價值——找出「需要自己的對象」

1 為何要「傳達價值」？

「傳達價值」是一種義務

目前為止，我們決定了目標對象、定義了價值，並創造了價值。

但是，如果大眾不知道那個價值，或是知道卻無法理解，就不會去使用，結果還是無法造福任何人。

為了某個人所創造的價值，一定要確實地傳達給對方，讓對方知道。這可說是一種「**義務**」。為了確實盡到這個義務，最後這個階段，將為各位說明「**傳達價值**」的心態和方法。

麻煩的是，「傳達價值」的工程，往往不是被高估就是被低估。人們不是覺得靠廣告宣傳就能解決所有問題，就是看不起廣告宣傳，覺得那是在浪費人類的知性。

正確答案哪一個都不是。**創造出好的商品，並藉由廣告做宣傳。唯有這兩點都做到，企業才能真正創造出價值。**如果商品無法廣為人知，沒人使用，其價值當然無法實現。在此，我想再次引用松下電器創辦人松下幸之助先生的話。

> 我們商人、產業人有義務讓消費者知道「用了這個商品，不但方便而且對你好處多多」。為了盡到這個義務，所以需要做「宣傳」。

（評論西洋棋）除了廣告代理商之外，我從未看過花這麼多功夫浪費人類知性的事物。

——菲力普・馬羅（Philip Marlowe，瑞蒙・錢德勒偵探小說系列的主角）

《漫長的告別》（*The Long Goodbye*）、瑞蒙・錢德勒（Raymond Chandler）著、繁體中文版由時報出版、2008年

❖以知名度與印象來選擇，為何是「合理的做法」？

個人的自我宣傳也是同樣的道理。

舉例來說，我成為主打反應影片的YouTuber，對自己影片的完成度非常有自信，但無論再怎麼努力，頻道的訂閱人數仍遲遲沒有成長。

面對這樣的現實，即使我不滿大吼：「為什麼大家只看知名度或印象，而不是從影片的內容來判斷優劣呢？」也是無濟於事。

原因在於，在大多數的情況下，要觀眾不依靠知名度或印象，只憑內容的魅力來判斷影片優劣是「不可能」的。應該說，以知名度或印象來判斷影片是否值得一看，對觀眾而言才是最合理的做法。

首先，在資訊氾濫的現代，**觀眾根本沒有時間去一一確認所有影片的內容**。

你是否聽過一個說法：現代人一天之內接收到的資訊量，是江戶時代的人一輩子的分量。因為無法實際確認，我們無法得知這個說法的真偽。但就算不跟江戶時代比較，任何人應該都可以實際感受到，跟十年前相比，我們每天所接收到的資訊量暴增許多。

以前必須打開電腦，搜尋之後才能找到的資訊，現在只要一打開智慧型手機，每分每秒都有資訊不斷流進你的意識。想要毫無遺漏地確認每一條資訊，基本上是不可能的。

其次，就算你全都確認過，要公平地一一評價這些內容，需要花費極大的時間與勞力。而且，即使你花了再多的時間跟勞力，要想做到絕對公正的評價，幾乎是不可能的。

在企業採購部門工作的人，在選擇供應商的時候，不都會先用Excel製作評價表格嗎？所有部門成員從幾個重點來給供應商打分數，加總算出總分之後，再以總分為基準來判斷要選擇哪一家供應商。

光靠一個人要進行這樣的評價，需要花費極大的時間與勞力，因此主要的消費型商品都會有專責的「評論家」來進行這樣的全面評價。

但是，接下來會遇到的另一個問題是——該如何選擇評論家？像汽車評論家的話，光是「日本年度風雲車」（Car of the Year Japan）的評審委員就多達六十人。比起篩選年度風雲車的候選車，篩選評審委員還比較困難。

❖ 宣傳是「造福對方」不可或缺的行為

綜合以上的論述，各位應該可以理解，為了避免踩到太大的地雷，先以知名度和印象來進行篩選，再從有限的選項中進行詳細的比較，對消費者而言其實是非常合理的做法。

想要公平地比較所有選項是不可能的。老實說，別這麼做才是比較合理的做法。

這麼一來，為了解決對方的問題，真正地造福對方，你必須先藉由自我宣傳，讓自己至少有資格被放上評選的會議桌。

行銷人的生存術 POINT 44

廣告宣傳、自我宣傳，是提供價值的人應盡的「義務」。

抹去對自我宣傳的抗拒感

想要解決對方的課題，你必須先自我宣傳。

也許有人會認為：只要持續認真地提供好東西，總有一天一定有人會看到你；只要持續認真地好好工作，總有一天一定有人會提拔你。可惜這樣的好事幾乎不會發生。各位可能會覺得我太缺乏夢想，但無論是商業或個人的成功，都不會有這種好事，這是不爭的事實。

認真做好工作的人很多。其中還有一些人會更進一步，努力地宣傳自我。如果自己身邊已經有如此積極的人，卻仍故步自封，不去嘗試自我宣傳，只一味地奢望「一定有人能發現我的努力」，這樣的想法實在有些孩子氣。

當然，所謂的自我宣傳，並非要你誇大自己不具備的實力，或給對方植入錯誤的印象。採取這樣的錯誤做法，「價值的交換＝行銷」就無法成立。

我們有時會看到這樣的狀況：完全沒實力的人卻廣受好評，缺乏價值的商品卻爆紅暢銷。這種狀況就像是社會的「程序錯誤」（bug）。就連嚴密的程式系

在這個人與人的連結比以往的人際型態更多元、更鬆散的時代，隨著你所服務的公司越來越多，你必須讓他人對你產生深刻的印象。在眾人中突顯自己這件事，變得越來越重要。

——琳達・葛瑞騰（Lynda Gratton，

倫敦商學院管理實務教授、《一百歲的人生戰略》〔*The 100-Year Life*〕作者）

（The Shift: The Future of Work Is Already Here）琳達・葛瑞騰（Lynda Gratton）著

統都有可能出現程序錯誤，人類社會中會發生這種事也是自然的。

但是，「程序錯誤」始終都是「程序錯誤」，並不是常態。既非頻繁發生的常態，也不是可以長期置之不理的事。

因為看到這樣的「程序錯誤」，才導致有人對自我宣傳這件事有抗拒感吧。那個品牌或那個人老是在做宣傳，根本不是憑實力一決勝負。你可能會聽到這樣缺乏根據的批判。

即使如此，你仍必須讓自己要提供價值的對象，有機會接觸到你的商品或服務。松下幸之助先生所說的「義務」，無疑就是這個意思。

我們不須在意沒有根據的批判或周圍的眼光。

會在意周圍的眼光，代表你當下並沒有專注在自己真正應該關注的事情上。各位真正應該在意的事是如何造福對方、服務對方，僅此而已。

無論是以個人身分或是透過商品、服務，實踐「造福對方」的目標，實際做出成果得到好評的人，都很清楚自我宣傳的重要性。當你發現這樣的實踐者，請務必找機會詢問對方關於「自我宣傳」的想法。你應該傾聽的不是批判者的聲音，而是實踐者的聲音。

在STEP 4這個章節，將為各位介紹成為實踐者的方法。

行銷人的
生存術
POINT
45

別管那些沒有根據的批判。
該宣傳的事情，就該好好地持續做宣傳。

2 行銷人「傳達價值」的思考與技術

以「三階段」向對方傳達價值

像汽車或旅行等商品，從開始評估到最後下手購買為止，平均需要兩個月的「評估期」。

像民生消費品或飲料這類商品，在超市當場評估後就會買下，能夠立刻做出決定的背景是大眾的評價或印象、過去的經驗之類消費者對品牌的前提知識。消費者本人並沒有自覺到自己一直在收集這些前提知識，通常會花上幾個禮拜到幾個月的時間來蓄積。這也算是一種「評估期」。

在「傳達價值」的階段，行銷人會有計畫地一步步與「處於評估期」的對

以笑容接待你的朋友，在握手時注入你的心意。即使遭到誤會也無須擔心，別讓敵人擾亂你的心。
——埃爾伯特．哈伯德（Elbert Hubbard，美國思想家）

《如何贏取友誼與影響他人》（*How to Win Friends and Influence People*，通常又譯為「人性的弱點」）戴爾．卡內基（Dale Carnegie）著、創元社

象溝通。

這一連串計畫中最主要、最根本的部分稱之為「顧客旅程」（customer journey）。

英文中的「journey」意思是「旅行」，在此請各位理解為「旅程」。從東京都內出發，最終的目的地如果是京都的金閣寺，首先要搭電車到品川站，從那邊搭新幹線到京都，之後再搭公車到金閣寺，計畫大致如此。

將傳達價值的過程比喻為「旅程」，在於兩者有以下兩個共同點：

- 有中繼地點
- 到各個中繼地點的移動方法可能不一樣

在「傳達價值」中，中繼地點就是對方「內心的狀態」。說得更精確一點，「對那項商品或服務有什麼想法？」的內心狀態，可以分成幾個「階段」，在行銷中稱為「態度的變化」。本書將態度的變化簡單分為以下三項來探討：

1：讓對方記住你

2：讓對方喜歡你

3：讓對方選擇你

接下來，讓我們依序來看這三個階段。

行銷人的生存術 POINT 46

以「讓對方記住你」、「讓對方喜歡你」、「讓對方選擇你」三階段來傳達價值。

讓對方記住你

各位應該聽過「認知」這個詞彙，其使用方式例如：這支廣告的目的在於獲得顧客的認知。

所謂認知，就是「知道」的狀態。顧客如果不知道你的商品或服務，就不可能購買，「認知」的重要性自不待言。

❖「知道」跟「記住」的決定性差異

但是，「光是知道」還是沒有意義。

因為，當顧客出現「我來買○○好了」的念頭時會「想起你」，「旅程」才會開始。如果無法讓顧客在此階段想起你，即使對方早就知道你了，你的商品或服務也無法被列入評估的候選名單中。

比起單純的「知道」，「被記住」的難度要高上好幾個等級。在此，你可以試著將「記得」的進口車製造商，盡可能地全都列出來。

你能想起幾個呢？

如果不是愛車的人，頂多五到八個左右吧。那麼，你知道以下的製造商嗎？

- 雪鐵龍
- 標緻
- 富豪汽車
- 歐寶
- 奧斯頓馬丁
- 捷豹
- 賓利
- 飛雅特
- 愛快羅密歐
- 藍寶堅尼
- 法拉利
- 現代汽車
- 通用汽車
- 福特

這些全都是你「曾聽過」的進口車製造商吧。那麼，各位剛才「想起來」的清單上，有這些製造商嗎？

經過實際調查，日本的消費者即使「知道」這些製造商，但他們在評估購車時會「想起」這些製造商的機會實在不多。

這就是「知道」與「記住」之間難以跨越的大河。

那麼，「被記住」為何如此困難呢？那是因為當事人需要「積極地將『知道』改寫成『記憶』」。

以背英文單字來舉例，應該比較容易理解。舉例來說，說到「忘記」這個意思的英文單字，「limbo」是其中之一。對於不知道這個單字的人來說，在當下這一瞬間，你已經「知道」這個單字了。但接下來繼續閱讀幾頁以後，你是否還能「記得」這個單字，那就另當別論了。

❖「讓對方記住你」的三個方法

那麼，該怎麼做才能讓對方「記住」你呢？關於這一點，有以下三個方法：

1：反覆傳達給對方
2：讓對方覺得跟自己有關
3：打動對方的心

請各位試著回想一下，學生時期的你是怎麼背英文單字的。我相信各位應該都用過這裡的三個技巧。

「反覆傳達給對方」就是單字本。單字本之所以成為背誦記憶的常用方法，原因在於可以反覆練習。

「讓對方覺得跟自己有關」就是自己實際使用那個單字。各位是否曾將想背下來的英文單字寫在筆記本，或是發出聲音背誦呢？如果能在英語作文或會話中實際使用那個單字，就更容易牢記。

在實際會話中使用你想記住的單字，就「打動對方的心」這一點也極具效果。如果是你曾在人前用錯，因此鬧出大笑話的英文單字，相信你應該很難忘記。因為這個單字觸發了你內心關於「羞恥」的情感。

話說，你還記得前面提到的「忘記」的英文單字嗎？

如果你已經忘得一乾二淨，請翻回前頁確認一下。相信這一次你會記得比之前還清楚。

❖想「讓對方記住你」，就要在創意下功夫

關於limbo這個單字，首先我對各位進行的就是「反覆傳達」。

然後，因為各位真的「忘記」了，這個單字成了「跟自己有關的事」。

接下來，就是引發諸如恍然大悟、焦慮、驚嚇、羞恥之類的情感，讓各位「動心」。

各位沒有義務要記住limbo這個英文單字。當然，我也無法期待各位製作單字本或實際使用這個單字。

在這樣的狀況下，要讓各位在短時間內「記住」這個單字，我必須花一些心思。能否讓各位記住，取決於我是否下了功夫。

所謂的「功夫」，在廣告的世界中稱為「創意」。

看廣告的人，沒有義務要記住各位的商品或服務。在這樣的狀況下，如果想讓觀眾在數秒、頂多數分鐘的有限時間之內「記住你」的話，該怎麼做才好？其方法就是「創意」。

我在奧迪（Audi AG）擔任行銷工作時，公司推出名為Q2的小型SUV，由我的團隊負責宣傳。

經過分析，Q2的首要課題是「被大眾記住」。由於小型SUV是最被看好的成長領域，各家汽車製造商爭先恐後推出大量的電視廣告。在這樣的狀況下想要突破重圍，讓觀眾記住你，並在評估購車時想起你，非常困難。

因此，我們決定出奇制勝，跟給人時髦印象的拉麵連鎖店合作，請對方推出以Q2為名的新商品，在全國販賣，新年當天還打造了巨大的蹺蹺板，讓我們的汽車搗年糕（譯註：搗年糕是日本新年重要的習俗之一，舊時的日本家庭新年時會在自家搗年糕、吃年糕，以祈求新的一年平安好運）。

如此打破高級車印象的創意宣傳手法果然引起注目，不但上了新聞，在社群媒體中也引發話題。這麼一來，即使不用投入大量的電視廣告，也能營造出讓大家「反覆聽到名字」的狀況。

而我們希望評估購買的目標對象（住在都市、從事知性相關行業的消費者）也主動加入話題，將Q2當作「自己的事」。

而且，象徵日本文化的拉麵與搗年糕，跟德國高級車同台演出的奇特畫面，也給觀眾帶來了「驚訝」，打動他們的心。

這無疑是活用了「反覆傳達給對方」、「讓對方覺得跟自己有關」、「打動對方的心」三大要素，讓顧客「記住你」的成功案例。

❖設計讓對方想起你的「情況」

像汽車這類「耐久性消費財」，讓對方想起你並列入評估選項的機會雖然不多，但顧客會一起評估的競爭對手也比較少。

但如果是餐廳之類的話，顧客會列入考慮的競爭對手就很多。

此時的另一個重點，就是設計「讓顧客想起你的情況」。

以「讓顧客記住你」為目的的廣告，是將品牌與「希望讓顧客想起你的情況」連結在一起的磁鐵。

舉例來說，各位會在怎樣的情況下想起「麥當勞」呢？

・想吃漢堡時
・想在車裡解決一餐時
・想全家一起聚餐時
・工作或讀書時
・想趕快解決一餐時
・想吃早餐時
・跑業務的空檔想休息一下時
・想吃晚餐時

是不是以上的情況呢？那麼，各位會想起麥當勞的競爭對手「漢堡王」或「摩斯漢堡」，又是在怎樣的情況？

想吃漢堡時，應該會同時出現以上的品牌選項。但是，想吃早餐、想在車裡解決一餐、跑業務的空檔想休息一下、想讀書或工作時……，其他品牌應該不會像麥當勞那樣，馬上出現在你的腦中吧？

這就是品牌力的差距。正確來說，是「凸顯」（salience）這個元素的差距，而「凸顯」正是構成品牌力的要素。所謂的「凸顯」，就是該品牌被想起的各種情況的「數量」，以及與各種情況連結的「強度」，兩者所發揮的乘數效果。

像麥當勞這樣，「在各種情況下」、「第一時間」被想起的品牌，就是擁有了強而有力的「凸顯」要素。

剛登陸日本時的麥當勞，其存在就像現在的連鎖家庭餐廳。是假日全家一起聚餐時才會被想起的存在。

之後，麥當勞「被想起的情況」一口氣迅速增加，為了配合這樣的發展，麥當勞還開發了以下的廣告文案：

- 「想吃早餐時」：朝Mc
- 「工作或讀書的空檔想休息一下時」：McCafé
- 「想一個人吃晚餐時」：晚Mc

行銷人的生存術 POINT 47

活用「反覆傳達給對方」、「讓對方覺得跟自己有關」、「打動對方的心」三個方法，讓顧客「記住你」。

讓對方喜歡你

❖「讓對方喜歡你」之所以很重要的理由

顧客旅程有三個中繼地點，接下來我們一起來看第二站「讓對方喜歡你」。

請各位回想一下你打算買洗髮精時的行動。

家裡的洗髮精用完了，你去藥妝店或超市補貨。在走到洗髮精的貨架之前，你的腦袋裡已經有好幾個品牌的選項。來到貨架後，你的眼睛在架上搜尋這些洗髮精。這樣的行動有時是刻意為之，有時則是在無意中進行。

此時你想起的那些商品，稱之為「喚起集合」（evoked set）。前面說明的「讓對方想起你」，就是「進入喚起集合」。

因為洗髮精貨架上有無數的商品，如果沒有喚起集合，我們就會陷入思考停止的狀態。各位是否曾有過這樣的經驗，在國外的超市選擇日用品時，站在貨架前不知該從哪個挑起，就是那樣的狀態。

在貨架上看到腦中的商品選項，接著比較價格刪除選項，之後再從剩下的選項中決定這次要買的商品，此時已經是「憑感覺」來選擇。即使是注重合理思考的人，也不可能當場製作最終選項的比較表格吧。

左右你「憑感覺選擇」的要素，就是你對品牌的好感。也就是你是否「喜歡」這項商品。

像汽車這樣的「耐久性消費財」，不同於洗髮精等「快速消費品」（Fast Moving Consumer Goods，簡稱 FMCG），所以，讓消費者對自己的品牌抱持「好意」相當重要。

購買耐久性消費財時，我們會先利用網路或型錄進行詳細的調查。等做過基本功課之後，再將選項鎖定在一至兩個商品，然後到店裡實際確認，在聽完店員的介紹後，最後才決定簽約購買。

利用網路或型錄進行調查時，**人們會先從自己有好感的品牌開始調查**。就算有幸被顧客想起，如果不是顧客喜歡的品牌，調查順序就會被往後挪，甚至連調查都沒做。

人們會偏愛自己有好感的品牌，就算查到的資訊與他牌沒兩樣，也會朝著善意的方向解釋。

即使是汽車這類的耐久性消費財，「讓對方喜歡你」也是左右勝負的重要關鍵之一。

❖ 先別急著馬上「圈粉」

這裡的「讓對方喜歡你」跟「讓對方成為你的粉絲」不同，只是「莫名的好感」這樣的程度。

也許讀者會質疑光有「莫名的好感」就夠了嗎？別擔心，其實在這個階段，你能夠打造的，也只有「莫名的」這種程度的好感而已。

使用者之所以會成為忠誠的粉絲，是因為對該品牌的價值有高度的評價。只要持續定義對方追求的價值，精心打造具備該價值的商品或服務，隨著使用者的增加，忠誠的粉絲也會增加。相反地，沒有經歷這樣的過程，只靠表面的「粉絲見面會」（fan meeting），絕對無法培養出狂熱的鐵粉。

富樫義博的漫畫《獵人》（*HUNTER×HUNTER*）以有一大票鐵粉而聞名，但富樫老師根本不將粉絲服務放在心上。不僅如此，他還會突然無預警地停止連載，甚至長達兩年之久。

即使如此，《獵人》之所以能受到廣大粉絲的支持，純粹是因為它作為漫畫的價值極高。

❖ 品牌忠誠度不過是「高市占率」的結果

在此，我們應該將焦點放在「品牌忠誠度」的成立過程。

科學行銷的始祖安德魯・埃倫伯格（Andrew Ehrenberg）以擅長活用數據進行行銷而聞名，他認為**「品牌忠誠度就是高市占率的結果」**。

也就是說，並不是品牌忠誠度越高的品牌就可以贏到最高的市占率，而是**市占率越高、越多人使用，其結果就是提高了消費者對該品牌的忠誠度。**

我們可以從清潔劑到飛機燃料等各式各樣的商品領域，觀測到佐證這個結論的數據。

以埃倫伯格命名的「埃倫伯格・巴斯營銷科學研究所」（Ehrenberg-Bass Institute）所長、南澳大學（University of South Australia）的拜倫・夏普（Byron Sharp）教授，以「大家都愛自己的媽媽」這句話來說明其理由。意指消費者會對自己長時間接觸的品牌，產生必然的好感與執著。

就像自己的車子再破再爛，應該很少有人不愛吧。即使是從前的舊車，還是有不少人會愛不釋手。

這就是「品牌忠誠度」的真相，也是「狂熱鐵粉」的真相。

只憑廣告活動就想打造鐵粉是不可能的。首先要讓顧客對你的商品或服務抱持「莫名的好感」，等顧客實際使用之後，持續感受到其價值，才能創造真正的粉絲。

❖「讓對方喜歡你」的三個方法

那麼，透過廣告活動「讓對方喜歡你」，具體來說該怎麼做才好呢？

重點跟前面提到的「讓對方記住你」一樣。同樣是用以下的三個方法：

你只要讓消費者對你的商品有「正面」的「好」印象即可。當消費者覺得你的商品好，對競爭對手的商品卻沒什麼特別印象，他就會選擇你的商品。

——喬爾・拉斐爾森（Joel Raphaelson，美國廣告人、作家）

《奧格威談廣告》（*Ogilvy on Advertising*）大衛・奧格威（David Ogilvy）、Prion

1：反覆傳達給對方
2：讓對方覺得跟自己有關
3：打動對方的心

「反覆傳達給對方」不僅能「讓對方記住你」，對於「讓對方喜歡你」也很重要。

不知道各位是否聽過「單純接觸效果」。這是一種人類心理，光是單純地每天待在同一空間，人們就會對他人產生親近感。

請想像你出差時在國外的街頭，突然遇到經常在公司碰面（但沒說過話也不知道對方名字）的其他部門的人。

「咦？你在這裡做什麼？」應該會忍不住跟對方打招呼吧。比起平常更親近的同部門同事，對方雖然是「不認識的人」，但在這樣的狀況下，應該會產生比之前更親近的感覺吧。

同樣的道理，**反覆接觸能增加消費者對該品牌的親近感**。

但是，同時也要留意別做得太過頭。尤其數位廣告雖然可以細分目標對象，卻也容易發生已經看過廣告的人被迫重複看到同一個廣告的狀況，而這樣的問題往往被置之不理。這麼一來，別說讓對方喜歡你的品牌，甚至有可能會被討厭。

「讓對方覺得跟自己有關」之所以能給消費者帶來親近感，理由正是前面提到的「大家都喜歡自己的媽媽」理論。

使用者會對自己實際使用的品牌，不斷地累積親近感與忠誠度。光是送試用品請對方實際用過一次，就能得到類似的效果。

「打動對方的心」這個要素已經超越「讓對方記住你」階段，屬於「讓對方喜歡你」階段，相當重要。

就像是一開始印象不怎麼好的人，如果有機會一起喝酒聊天或運動，也會馬上變得親近吧。這是因為「開心」、「興奮」的情緒在背後發揮了作用。

對人的好感也是同樣的道理，**想要提高目標顧客對商品、服務的好感，最確實的方法就是「打動對方的心」**。

❖同時進行「讓對方記住你」與「讓對方喜歡你」

像這樣子，因為共同要素很多，「讓對方記住你」的廣告活動與「讓對方喜歡你」的廣告活動，如果能同時一次做到是最理想的。因此，向多數人「反覆傳達」的媒體力量和「打動人心」的表現力必不可少。

同時兼具兩者的方法就是電視廣告。電視廣告之所以是廣告活動的王道，其理由就在於此。

根據電通（DENTSU INC.）每年發表的「日本廣告費」報告二〇一九年版，網路廣告費用終於超越電視廣告費用。那麼電視廣告就因此沒落了嗎？並沒有。它依舊占了廣告費用整體的二七％，與三〇％的網路廣告費用並列「廣告雙璧」。

在全國播放電視廣告，媒體費加上製作費的話，廣告預算高達上億日圓。

如果沒有這樣的預算，就必須一步步地計畫如何先「讓對方記住你」再「讓對方喜歡你」。具體的做法例如：藉由橫幅廣告（banner advertising，又稱「BN廣告」）或車站張貼的海報等「讓對方記住你」，然後再將顧客誘導至公司網站，透過創業故事打動顧客的心，「讓對方喜歡你」。

像橫幅廣告或海報這些表現力有限的媒體，要想打動對方的心同時贏得認知與好感，靠的就是廣告文案。優秀的文案即使只在廣告的一角，或是在電車裡越過人群瞄到一眼，依舊擁有瞬間打動人心的魔力。

> **行銷人的生存術 POINT 48**
>
> 活用「反覆傳達給對方」、「讓對方覺得跟自己有關」、「打動對方的心」三個方法來「讓對方喜歡你」。其中「打動對方的心」尤其有效。

讓對方選擇你

如果能讓對方記住你、喜歡你，就能大大提高向對方傳達價值的可能性。

不過，你的競爭對手也會推出廣告，作為顧客旅程的最後一站，此時你需要推最後一把，「讓對方選擇你」的商品或服務。

這個「推最後一把」，可以分為以下三種方式：

1：將商品送至對方身邊
2：讓對方知道商品的價值
3：加上附加價值（優惠）

接下來，讓我們依序來看這三種方式。

❖ 1：將商品送至對方身邊

民生消費品的行銷人最在意的三大指標是「認知」、「好感」與「配貨」。從過去的數據中，我們可以知道這三個指標與市占率息息相關。「認知」與「好意」相當於「讓對方記住你」、「讓對方喜歡你」。而最後的「配貨」，就是這裡要說明的「將商品送至對方身邊」。

配貨就是盡量讓商品陳列在更多的貨架上。因此，要盡量供貨給許多店家，也要確保商品陳列在店裡最多的貨架上。

即使我再喜歡「IROHASU天然水」，專程跑去的那家超商裡如果沒有這個品牌的水，或是即使有，我卻找不到，我也有可能改買眼前看得到的其他品牌的水。

好不容易讓顧客記住並喜歡了，**如果無法將商品「送到顧客身邊」，之前的功夫都是白費力氣。**

為了實現商品的高配貨率，必須跟實際擁有貨架的零售店進行交涉，這麼做需要對策費用，像是為了讓對方多進貨而給較大的折扣，或是為了讓對方陳列在店裡醒目的位置而支付促銷費用等。

製造商必須在讓對方記住你、喜歡你的「品牌建立」，以及將商品送至顧客身邊的「物流對策」之間，取得良好的平衡點。將高達十億日圓的費用全部投入品牌打造，建立了厲害的啤酒品牌，但商品若無法流通，依舊無法將價值傳達給顧客。

現今，我們可以在超市的食用鹽區看到各種品牌的食鹽。但在從前由公營企業專賣的時代，食鹽根本就不存在品牌這種東西。因為製造商百分之百控制了物流，根本不需要讓消費者在店家選擇自家商品的品牌力。

跟專賣時代的食鹽擁有類似構造的，是自有品牌的代工生產（Original Equipment Manufacturer，簡稱OEM）。像「7-PREMIUM」等超商或超市的自有品牌，其實都是國內大型製造商生產的。從製造商的角度來說，因為物流對策滿分，根本不須自己打造品牌力。

相反地，品牌力極高的案例則是蘋果公司。因為許多果粉指名購買，反而是通路這一方主動請求他們：「請讓我們賣蘋果的商品。」

因此，蘋果公司遑論支付物流對策費用，還可以反過來對通路進行各種要求。像家電量販店內之所以會特地為蘋果開設專區，原因就在此。

以上都是較極端的例子，大多數的情況下，製造商都會在「品牌力」與「物流對策」之間維持一個平衡。

將商品送至顧客身邊的努力＝物流對策，因為不像廣告那樣出現在眼前，所以一般人比較不會去注意。但是，根據商品的性質，物流對策的重要性有時不亞於品牌力，甚至超越品牌力，是相當重要的行銷活動之一。

❖ 2：讓對方知道商品的價值

像家電或汽車這類「昂貴的商品」，應該沒有人會光憑「莫名的好感」就馬上買下來吧。大家都是透過網站或型錄確認商品的特色，參考專家的意見或專業雜誌，先挑出幾個候選選項，再進行詳細的評估。

這時，透過這些媒體讓顧客清楚了解你所定義的價值，就是非常重要的行銷活動了。

像洗髮精這類民生消費品，消費者在店裡大多是「憑感覺」選擇。但這不代表消費者完全沒有進行價值評估。

像廣告或店家的POP都會藉由「使用○○油，可以保持頭髮潤澤」等文案來傳達其價值，這往往就是讓消費者下定決心購買的誘因。

此外，以「試用優惠價」讓消費者先試用，等消費者理解該商品的價值之後就會成為回頭客，因為民生消費品的前提是「一年之內會購買數次」，推出試用優惠價是相當重要的行銷活動。而消費者每次使用商品時會看到的包裝及裝飾貼紙，就是用來傳達價值的媒介。

傳達價值之際，必須注意的是「What to say＝說什麼（定義的價值）」與「How to say＝該怎麼說」的差異。

金恩牧師最知名的演講，其標題如果不是「我有一個夢」，而是「訴求廢除對黑人的種族歧視」，你覺得會怎麼樣呢？

後者的標題直接表達了金恩牧師的「What to Say」，作為公司內部的企畫也許還行，但直接這樣說的話，感興趣的人應該不多吧。這不是站在聽眾的視點，以聽眾的語言來表達，因此不容易讓聽眾印象深刻。

於是，在「How to Say」下的功夫，成就了「我有一個夢」那場知名演講。而廣告圈的創意人或文案作家，就是擅長將「What to Say」轉換為「How to Say」的專家。

❖ 3：加上附加價值（優惠）

「讓對方選擇你」的第三個方法就是**「加上附加價值（優惠）」**，一般稱之為**「促銷」**（sales promotion）。亦即，為了讓尚在猶豫是否要買的人下定決心購買，而推出打折或加上「優惠」等**促進銷售的活動**。

促銷也是經營團隊和業務部門很喜歡的行銷活動，因為可以直接感受到效果。

推出特惠活動的話，那段期間內的營業額的確會有顯著的成長。但是，**這樣的成長中卻隱藏著圈套**。

首先，推出定期的特惠活動，一定會出現想等打折再買的顧客。如果沒做過特惠活動，或許能以更高的價格賣給消費者，特別折扣反而會拉低營業額。這樣的現象稱之為「稀釋」（Dilution）。

此外，直到消費者最後掏出錢購買你的商品為止，在前面的階段必須先讓顧客記住你，並且喜歡你。**特惠活動的營業額，是多虧之前各種行銷策略的輔助才能達到的結果**。雖說如此，特惠活動的成本效益，往往只計算特賣期間所花費的成本與營業額。

過去為了讓消費者選擇我們負責的威士忌品牌，我嘗試了訴諸合理事實的方法，卻收效甚微。就像可口可樂的廣告若強調「多加50%可樂」，應該無法吸引消費者吧。

——大衛・奧格威（David Ogilvy，現代廣告之父）

《奧格威談廣告》（*Ogilvy on Advertising*）大衛・奧格威（David Ogilvy）、Prion

以足球來比喻的話，就是只看重最後進球得分的前鋒。像這樣只顧著補強前鋒的話，根本不可能打造出強大的團隊。

反之，也有人主張「降價跟拍賣不好」。

理由在於，品牌力夠強的話根本沒必要降價，降價反而會拉低品牌的價值。像凌志（Lexus）跟蘋果電腦就採取不降價策略。

雖說也有道理，但這樣的觀點仍然有些極端。

千萬不可忘記，顧客之所以成為品牌的粉絲，都是因為實際使用過商品。無論如何，如果不先增加使用者，品牌就無法成長。當大公司使出降價策略，使用者較少的品牌往往也不得不跟進。

而且，降價真的會降低品牌的價值嗎？

賓士、BMW、奧迪等高級汽車品牌都會降價。飛機的商務艙或頭等艙在淡季時價格也會降個幾十萬日圓。

但賓士S級的頂級轎車或飛機頭等艙旅行的價值，會因此而有所損害嗎？跟從不降價的凌志相比，會降價的賓士價值就比較低嗎？答案是沒有。

會對品牌價值造成損害的，只有該品牌違背了消費者期待的時候。

以「高品質」為賣點的汽車公司連續召回產品，以「顧客至上」為賣點的航空公司服務卻很糟糕，品牌的價值只有此時才會受損。另一方面，期待品牌「不要降價」的消費者又有多少呢？

某些品牌之所以不降價，是因為該品牌擁有極高的品牌力，「品牌力的高低」與「是否降價」之間即使有某種程度的關聯，卻不是因果關係。「因為凌志不降價，所以我們也不降價。」說這樣的話，跟說「因為有錢人都開賓士，所以我們也要開賓士才會有錢！」的歪理是一樣的。

實施「加上附加價值（優惠）」的促銷活動時，最重要的一點在於，不要過於高估或低估其效果，應該冷靜地分析其必要性與成效。

想說服對方，不要用「理由」，而是要用「好處」。
——班傑明．富蘭克林（Benjamin Franklin，美國建國者之一）

《窮查理年鑑》（*Poor Richard's Almanack*）
班傑明．富蘭克林（Benjamin Franklin）著、Seven Treasure Publications

行銷人的生存術 POINT 49

利用「將商品送至對方身邊」、「讓對方知道商品的價值」、「加上附加價值（優惠）」三個方法，讓顧客下定決心選擇你。

STEP 4的「傳達價值」跟前面幾個階段相比，路程最為漫長。不過，這是我們在日常生活中最常看到的，因此也最容易想像吧。

闔上這本書後，請用你在STET 4中得到的知識，仔細觀察周遭的廣告宣傳活動，試著自己分析看看。

特別是，**這是「針對誰」、「希望對方怎麼做」**的廣告活動，從這樣的觀點來分析，你將更容易發現許多以往沒注意到的事，是非常好的複習方式。

3 在工作、職涯、人生中活用「傳達價值」

將「傳達價值」活用在職涯發展中

❖想出人頭地，就一定要「傳達自己的價值」

聽說想在跨國企業出人頭地的重點是PIE法則，所謂PIE就是以下三個英文單字開頭的字母。

- Performance：工作實力
- Image：印象
- Exposure：醒目程度

在此應該注意的是三者的重要性比例。關於這一點有諸多說法，我最常聽到的是以下的比例：

- 工作實力：1
- 印象：3
- 醒目程度：6

沒想到「醒目程度」的比例竟遠高於另外兩個項目。

我曾在紐西蘭、英國、德國的公司工作過，這條PIE法則無論在哪家企業都獲得了完美的驗證。我曾親眼看到實際工作表現出眾卻不喜歡引人注目、具備匠人氣質的資深員工，在升遷這條路上，接二連三被積極愛表現的年輕人超越。

崇尚「只要努力去做，一定有人賞識你」美德的日本企業，長久以來一直給人重視「工作實力」的印象。但是，在人事評選上「有多醒目」或「印象」才是關鍵，這個事實從未改變過。

❖站在「做選擇的人」的角度思考

無法認同這個比例的人，請試著站在「做選擇的人」的角度來思考。

在大企業中，擁有升遷最終決定權的人，可能有一百人左右的下屬。其中能夠獲得升遷的，每年也只有寥寥數人而已。

準確地掌握這一百人的實力，以公平的基準一一評價這些人的表現，就理想來說，上位者應該像這樣選擇要擢升的對象，但**現實中做起來卻非常困難**。

當候選人的名單遞到你眼前，其中若有你完全不認識的人，即使可以證明那個人成績的數據資料再多，你應該也不太可能選他吧。

相反地，倘若對方是你知道、而且印象頗佳的人呢？既然能夠進入候選名單，代表這個人的實力應該毋庸置疑。這麼一來，**會選擇這個人、或是做出對這個人有利的選擇，也是人之常情吧**。

如果我這樣說明還是無法認同的話，請你回想一下自己選擇英語補習班的過程。假設有一百家補習班無論地點或預算都符合你的條件，如果要你百分之百公平地、只憑實力來選擇一家的話，你有信心做得到嗎？

假設其中幾家補習班的名字你曾聽過，而你信賴的友人還向你推薦過其中一家，你對那家補習班的印象也很不錯，選擇那家補習班，或是偏向選那家補習班，這是很自然的一件事吧？

❖從行銷人的角度來看，這樣的評選基準是理所當然的

就連我認為完全實力主義的歐美跨國企業，也是採取醒目占六成、印象占三成的人事評選方法，當我一開始知道這件事時，著實相當失望。

等回過神來，我發現「知名度占六成、印象占三成、實力占一成」這樣的現實，其實也不是那麼難接受。原因在於，從行銷人的觀點來看，其實這是當然至極的事情。

或許你已經察覺了，所謂PIE就是「讓對方記住你」、「讓對方喜歡你」、「讓對方選擇你」的翻版。

- Exposure（醒目程度）：讓對方記住你
- Image（印象）：讓對方喜歡你

- **Performance（工作實力）：讓對方選擇你**

再優秀的商品或服務，即使擁有再優良的價值，如果無法被記住，根本上不了評估的會議桌。如果還有其他數不清的競爭對手，無法博得顧客歡心的品牌，就連將價值傳達給顧客的機會也沒有。

同樣道理也適用於社內的人事評選。

6：3：1的比例，並不代表工作實力不重要。

擁有工作實力，是升遷最低限度的必要條件。基本上，缺乏工作實力的人，根本無法獲得上司的好印象，在社內自然不會受人矚目。即使一開始可以裝裝樣子騙人，也很容易立即露出馬腳。

這個比例意味著，**什麼才是顧客下決定的關鍵。**

選擇罐裝茶時，應該很少人是以味道來選吧？味道不好喝的茶，當然不會列入考慮，能在超商或超市販賣的話，茶的味道應該不遜色於其他品牌。在這樣的前提下，印象不好的品牌應該就不會列入考慮，如果消費者連你的商品都

為何有人會選「傑克丹尼」（Jack Daniel's）威士忌，有人會選「老祖父」（Old Grand-Dad）或「鄧肯泰勒」（Duncan Taylor）呢？他們是喝過所有品牌的威士忌，比較過味道才選的嗎？別開玩笑了！這三個品牌給人的印象各不相同，他們會針對不同的目標顧客，宣傳自家品牌的特性。其實顧客們選的不是威士忌，而是那個品牌給人的印象。

——大衛・奧格威（David Ogilvy，現代廣告之父）

《奧格威談廣告》（*Ogilvy on Advertising*）大衛・奧格威（David Ogilvy）、Prion

不知道，被選上的機會更是少之又少。

6：3：1的比例剛好符合這樣的現實。

雖說本書一直強調「從顧客的需求出發」，但行銷人不是聖人或宗教家。他們既是重視數據的科學家，同時也是注重現實的實踐者。

行銷的首要前提是擁有對方（組織或公司或社會）有感的價值、或是成為可以貢獻對方的人。但這並不代表你不需要宣傳自己。為了實現自己的價值，你必須「讓對方記住你」、「讓對方喜歡你」，這方面的努力千萬不可懈怠。

即使有人在背後批評你自我宣傳，仍然要鼓起勇氣去做這件事。借用松下幸之助先生的說法，這是選擇「像行銷人那般生存」的人應盡的義務。

行銷人的生存術
POINT 50

為了傳達自己的價值，你必須「宣傳自己」，這甚至是一種義務。

傳達自我「價值」的方法

即使知道宣傳自己的存在是一種義務，如果是無法推出廣告的個人，該怎麼做才能「被對方記住」、「被對方喜歡」呢？

最常用的方法就是「成為話題」。

有一款起司蛋糕品牌名叫「Mr. CHEESECAKE」。

這家的蛋糕只限網路販賣，商品只有起司蛋糕一種，價格就起司蛋糕而言算是相當貴，而且，這個品牌也沒有做什麼太大的廣告。

雖說如此，因為每次一開賣就會馬上售罄，想買的人必須加入品牌的LINE好友，等開賣通知一來就馬上訂購。

這家「Mr. CHEESECAKE」在推特上也很有名，經常可以看到相關發文。我的推友會發文炫耀：「我訂到了！」、「蛋糕送來了！」馬上就會有人回應：「好羨慕！」、「我也愛這家！」

像這樣子，在群體（community）中成為話題，在「讓對方記住你」這一點

能發揮絕大的威力。

當你頻繁地出現在人們的對話中，就能產生「反覆傳達」的效果。如果對方自發加入話題，與你有關的事就會變成他「自己的事」。如果是親朋好友之間的交流，還能達到「打動對方」的效果。

那麼，想要「成為話題」，具體來說該怎麼做才好？

想要獨占眾人茶餘飯後的話題，要麼就是成為知名的大明星，不然就是成為驚天醜聞的主角，這應該很難做到吧。但如果是在公司或業界的小群體內成為話題，其實不是那麼難。

請大家回想一下在你周遭的群體中經常引發討論的人。然後，試著分析那些人的特徵。

❖ 增加「共同友人」

我覺得這些人主要可以分為兩種。一種是「共同友人很多」。

在聚餐喝酒等場合，旁邊坐的若是不熟的人，彼此之間如果有共同友人，就不怕沒話題可聊。

擁有許多共同友人最快的方法，就是「積極地跟人碰面」。像公司這類人數有限的群體，跟全部成員碰面的可能性極高。如果是業界這種人數較多的群體，你就要努力讓自己融入引發話題的核心。

越是成功的人，越是給人交遊廣闊的印象，感覺他們下班後會踩著輕盈的步伐，頻繁地參加聚餐或喝酒這類拓展人脈的活動，其實是因為他們很清楚增加業界人脈的重要性。

要將「偶然」轉化為「職涯發展的機會」，祕訣在於增加「被發到的卡片」。經常與人碰面不僅能為你增加可以當作話題的共同朋友，還能增加你「被發到的卡片」的質與量。

這麼一想，我自己也是因為多跟人碰面，才得到許多機會，得以實現多元化的職涯發展。比方說，我之所以有機會出版這本書，一開始是在數年前某場活動的派對上，結識了東洋經濟新報社的人。之後獲邀到他們的活動場上演講，有時也幫忙寫寫文章，彼此一來一往好幾年，最後有幸跟本書的編輯合作出書。

職業的可貴之處，在於可以連結人與人。這世上只有一種東西是真正的奢侈，那就是人際關係。

——安東尼・聖修伯里（Antoine de Saint-Exupéry，《小王子》的作者）

《風沙星辰》（*Terre des hommes*）

安東尼・聖修伯里（Antoine de Saint-Exupéry）著、光文社

我這個人其實很怕生，不太擅長應對這類的社交場合。說實話我每次都很想奪門逃走（實際上我還真的逃走不少次）。

但是，因為經常獲邀上台說話，又被活動主辦人要求一同出席會後的慶功宴，在半強迫的狀態下反覆參加這類社交活動，久而久之習慣以後，我開始親身感受到其效果。

當我在推特上碎念：「還真是不習慣這樣的社交場合」時，很多名人朋友會回他們也是如此。沒想到在人前侃侃而談的企業大老闆及意見領袖也有這樣的困擾。能在人前侃侃而談的人，不少是生性害羞的人。

也就是說，這些名人全都是硬著頭皮，把自己推進社交場合裡。為什麼他們要這麼做呢？因為他們實際感受到，這麼做能給自己帶來許多好處。其中一個好處就是，被發到的卡片增加了。最重要的一點是，因為「共同友人」增加了，所以自己的存在感也提高了。

在你所屬的業界與群體，如果有這樣的社交場合，請務必積極地參加。一開始可能需要極大的勇氣，但你仍要鼓起勇氣嘗試看看。

在公司這樣的群體，參加聚餐或喝酒之類的社內活動是最普遍的方法。如今因為疫情的影響，這樣的機會可能不太多，但線上喝酒這類新形態的社交方法之所以應運而生，證明了這樣的交際的確不可或缺。請將這些社交活動視為你與競爭對手拉開差距的大好機會，務必積極地參加。

此外，無論官方或非官方，參加公司的活動時，請仔細觀察活動參加者。社內聞名的「那個人」，往往是會在這些活動中頻繁露面的人。

當然，**這一切的前提都是先有工作實力**。既沒實力也沒做出實際成績，每天只顧著參加各種聚會酒攤，這樣的人就只是單純地喜歡喝酒吃飯罷了。

前面提到的品牌「Mr. CHEESECAKE」，也是因為起司蛋糕極為美味，才能引發話題。而且品牌創辦人田村浩二先生也經常在社群媒體與人交流，增加「共同友人」，在自我宣傳這方面絲毫不懈怠。

❖「在人前說話」是「增加共同友人」最有效的方法

接下來這個方法可能不適用所有人，但是，**在人前說話是「增加共同友人」最有效率的方法**。

這個長達75年的研究，結論非常簡單。與他人的優質連結可以讓我們身體健康，並感到幸福。僅此而已。

——羅伯特・沃爾丁格（Robert Waldinger，哈佛大學教授，

長達75年調查724個人關於幸福感的《哈佛成人發展研究》第四代研究者）

「What makes a good life? Lessons from the longest study on happiness」

Robert Waldinger、TED（ted.com）

比方說在一千個人面前演講的話，我就會成為那一千個人都認識的人。這也算是一種「與人碰面」。

如果沒有某個程度的實力與成績，以及說話的技巧，應該不太可能受邀演講，如果看到有人在召募演講者的話，你也可以毛遂自薦。

像社內簡報或會議發言的話，應該比較容易挑戰吧。

在外商公司，當高層主管來到日本分公司，往往會針對一般員工進行名為「全員大會」（town hall）的演講，然後接受來自會場聽眾的提問。在日系企業的提問時間，現場往往一片鴉雀無聲。但外商公司卻是大家搶著發問，因為**這是凸顯自己的絕佳好機會**。

要在日系企業裡這樣積極地表現自我，連我也會卻步。但如果是自己部門內的集會，門檻應該比較低。像是定期集會募集下週的發表者時，因為可以事先準備，應該比較容易挑戰。

其他人都不願主動舉手的時候，正是你的大好機會。請務必挑戰看看。

❖成為「供給新聞的源頭」

「成為話題」的另一個重點就是，「成為供給新聞的源頭」。

在酒席上跟不太熟的人坐在一起時，如果有共同友人就可以作為聊天的話題，若那個人還能帶來什麼新聞，聊天就會更加來勁，例如：「那個人，聽說最近又升官了。」

前面提到的起司蛋糕品牌「Mr. CHEESECAKE」，他們除了經典商品，還會定期開發季節限定口味，為粉絲持續提供新聞。而且人家也不是默默地賣蛋糕，而是會在推特實況轉播商品開發的過程。因為蛋糕只要一開賣就會瞬間售罄，所以開賣這件事無法成為新聞，考量到這一點，轉播商品的開發過程這一招實在是相當聰明的戰略。

「Mr. CHEESECAKE」不因為一開賣就秒殺的超高人氣而滿足，那種經常嘗試新挑戰的態度，無疑引起了粉絲們的共鳴。

經常挑戰新事物的人，就容易成為供給新聞的源頭。因為新聞必須是「新」的，所以重點在於持續不斷地挑戰「新」事物。

一個人可以產生多少價值，取決於他跟其他人的關係有多強、多深。

——琳達．葛瑞騰（Lynda Gratton，

倫敦商學院管理實務教授、《一百歲的人生戰略》〔*The 100-Year Life*〕作者）

（The Shift: The Future of Work Is Already Here）

琳達．葛瑞騰（Lynda Gratton）著

當然，如果你的目標是升職或職涯發展，就必須靠工作表現來提供新聞。像是被委任新的大型專案、備受矚目的計畫，如果能夠做出一番成績，一定能夠成為眾人的話題。

找出你覺得「如果是這個，我一定能有貢獻！」且關注度高的工作，即使是未曾嘗試過的「新」事物，也要積極挑戰。這是成為新聞的供給源頭不可或缺的態度。

但是，重要的專案，特別是對當事人而言的「新」計畫，並非誰想挑戰就一定會交給那個人去做。

經常聽到一種說法：「工作最有意義的報酬就是新的工作。」持續累積小小的貢獻，接下來一定會為你帶來機會，可以做出更大的貢獻。**經常意識到「貢獻他人」，增加「被發到的卡片」，也能發揮極大的威力。**

新的挑戰往往讓人覺得「不舒適」。

自己能夠輕鬆勝任的工作領域叫作「舒適圈」，走出那塊區域，主動踏進不舒適（無法輕鬆勝任）的領域，再將那裡變成新的舒適圈，這就是工作中「成長」的真相。

持續挑戰新事物，不僅是讓自己「成為話題」的戰略，也是讓自己成長的戰略。

在此最重要的是，「不舒適的事情」和「討厭的事情」的差異。人們無法透過自己打從心底討厭的事情來持續貢獻他人。因為，「只有自己才能填滿的、這個世界的拼圖所欠缺的那一片」應該不會是自己討厭的事情。

因此，我覺得從討厭的事情逃離也無所謂，自討厭的人身邊逃開也無妨。

但是，不可以從「不舒適」的事情逃開。因為那將成為你的新聞話題，更重要的是，那能為你帶來成長。

行銷人的生存術 POINT 51

為了宣傳自己，你需要「成為話題」。「增加共同友人」、「成為供給新聞的源頭」是最有效的方法。

重要的是，去做你能夠真正做自己的工作。那是能夠讓你的可能性發揮到最大、讓你對這個世上最有貢獻的工作。

——保羅・波爾曼（Paul Polman，聯合利華集團前任執行長）

「Unilever CEO Paul Polman interviewed by his son Sebastian on HuffingtonPost's "TalktoMe"」Unilever US（YouTube）

絕對不能忘記「造福對方」的初心

想成為別人的話題，你的新聞必須是「真實」的。為了製造話題而捏造的「假新聞」或「噱頭」不但讓人無法接受，還會讓你成為被眾人非難的箭靶。

那些實行「炎上商法」（譯註：「炎上」的日文原意是燃燒，常用於網路上的脣槍舌戰、引起激烈負評等意思。炎上商法就是在宣傳時故意「犯錯」來引起批評，藉此提高關注度、知名度的宣傳戰略）的人，是非常清楚「成為話題」重要性的現實主義者。

但是，「傳達價值」的目的不僅是「讓對方記住你」。而是在這個基礎上給對方帶來好印象，更進一步讓對方認同你的實力，最終選擇你。

如果你已經樹立了那樣的個人特色，自然另當別論，但炎上商法即使能讓顧客記住你，若大家都討厭你、對你抱持壞印象，那又有什麼意義呢？也許有人會認為「負評至少比完全零評價好」，但「惡名遠比不上美名」卻是不爭的事實。

❖將「造福他人」當作最終目的

各位千萬不可忘記，所有關於行銷的知識跟技術，都是為了「造福他人」。如果忘了這一點，成為一個只顧著自我宣傳的人，根本沒有任何意義。我總覺得世人對於「打造自我品牌」的想法，欠缺了對這一點的理解。

行銷的最終目的在於「價值的交換」。品牌也是商品擁有的價值之一。例如賓士這個品牌，光是搭乘就能提供「讓人覺得你是有錢人」的評判價值（其價值之一）。

一方面，提到「打造自我品牌」，一般往往認為就是在社群媒體上宣傳，或是上媒體通告之類的，藉此打造自己在公司或特定群體內的知名度與自我形象。

這麼做的話，能夠產生對方想要的價值嗎？做這件事除了對自己有利，最終還能造福其他人嗎？

倘若缺乏這樣的觀點，就算不上是自我行銷或品牌打造。

比起過度或過早在意自己將留下怎樣的評價，我所選擇的，正如我一路走來，是能夠提供有意義貢獻的道路。

——約翰·漢尼斯（John LeRoy Hennessy，史丹佛大學榮譽校長，Google母公司Alphabet公司董事會主席）

《這一生，你想留下什麼？：史丹佛的10堂領導課》（*Leading Matters: Lessons from My Journey*）約翰·漢尼斯（John LeRoy Hennessy）著、繁體中文版由遠見天下文化出版、2018年

❖行銷的最大前提是「有值得傳達的價值」

提高知名度，打造良好的自我形象，這麼做如果是為了可以接到顧問案件，是出於生意上的需要，確實可以稱作是行銷。這是「傳達價值」的過程之一。

此時最重要的前提是，**做這件事的人已經擁有值得向人傳達的價值**。提供有價值的服務，並且讓別人知道你擁有這樣的價值，其中一個方法就是在社群媒體對外宣傳。

然而，缺乏值得傳達的價值，卻空有傳達的方法，是沒有意義的。**就算你在社群媒體上再怎麼對外宣傳，光靠這樣無法讓你產生值得傳達給他人的價值**，這件事應該不用我再多做說明了吧。

那麼，該怎麼創造自己的價值呢？

答案就是按部就班遵循「定義市場」、「定義價值」、「創造價值」的步驟，不斷累積可以幫助對方、解決對方問題的實力與成績。「傳達價值」是本書闡述的行銷四大步驟中，**集大成的最後階段**。

所謂的「商才」，本該以道德為根本。為牟利而行不義之事或說謊，只是徒具外表卻沒有內涵，稱不上真正的「商才」。那不是才能，而是不值一提的小聰明。

——澀澤榮一（日本知名實業家，新版日本萬圓鈔票上的人像）

《現代語譯　論語與算盤》澀澤榮一／著、守屋淳／譯、筑摩書房

行銷人的
生存術
POINT
52

「傳達價值」是當你擁有值得傳達的「價值」之後，
應該實踐的最後步驟。

STEP 4

傳達價值TRY

BUSINESS
商業

思考如何讓對方「記住」、「喜歡」、「選擇」你公司的商品與服務。

CAREER
職涯

思考如何在現在的公司或業界，讓顧客「記住你」、「喜歡你」、「選擇你」。

PRIVATE
私人生活

思考該怎麼做，才能讓更多人知道你的社群媒體帳號。

結語　再次推薦你「像行銷人那樣生存」

生存方式必須與時俱進

想靠喜歡的事養活自己。覺得做自己最重要。一直在追求自己的夢想。有人會對這些話產生強烈的共鳴，也有人聽到這些話就皺眉不贊成。

我出生於轉盤式電話與映像管電視的時代，在網路時代開啟序幕的同時出社會，歷經昭和和平成兩個時代的我，兩個世代的想法都可以理解。

❖為了活著，「不想做也得做」的時代

戰後，我外婆從故鄉岐阜的郡上八幡來到橫濱，後來跟同鄉的外公結婚。外公開了一家印刷公司當老闆，但他在我母親高中時突然病逝，留下外婆和三個女兒。公司由外婆接掌，當時她根本沒有公司經營或商務的經驗，也沒

受過正統教育，連字都寫得不太好。

在那之後，外婆一邊養育女兒一邊努力經營公司，將公司的規模擴大至連東京也設有分公司。

就連如今的令和時代，日本還經常被批判女性經營幹部跟外國相比少得可憐。在昭和時代中期，我外婆雖是一介女流，卻獨力撐起了整家公司，跟清一色的男性銀行員或客戶打交道，帶領所有員工一起將公司做大，這在當時可是非比尋常的事情。更別提當時她還要同時兼顧撫養三個女兒的責任。

如果問外婆是否樂意扛下這一切，我想答案應該是否定的吧。她只是非得接下這個擔子不可，因為沒有其他選擇。

為了活下去，別無選擇。在外婆那個時代，相信許多人都有相同的經驗吧。

到了我父母那一代，應該也沒有「做自己」或「靠喜歡的事養活自己」這樣的價值觀。

大家都是**為了家人、為了公司、為了日本的發展，不惜粉身碎骨也要拚命地工作。**

❖「做喜歡的事」備受推崇的時代

接下來我們快轉一下時間，來到現代。

隨著經濟發展，社會安全網漸趨齊備，社會也穩定下來。以相機為首的影像機器或音響設備變得容易入手，以往被大型娛樂企業獨占的創作界也漸趨「民主化」。

透過網路，人們可以自行對外宣傳自己。像UberEats外送這類單次性的「接案工作」（gig work）也增加了，人們用來賺錢維生的方法越來越齊備。

因此，YouTuber這類工作成了人氣職業，**維持自我風格、靠喜歡的事養活自己，這樣的生活型態不僅被大眾接受，甚至備受世人推崇。**

這是我的外婆或父母那個世代的人無法想像的美好願景，但社會也可能因此引發新的亂象。

YouTube之類的網路平台，讓做喜歡的事養活自己的生活型態變得「可能」，**卻無法「保證」一定可以。**就像任何人都能站上相撲的土俵（譯註：日本相撲比賽時的圓形黏土擂台），卻無法保證自己能以相撲力士的身分賺錢維生是同樣的道理。

最終在YouTube這個領域收獲成功的人，往往是那些除了天生的才華與好運之外，還付出比任何人都多的努力，克服了諸多困難的少數人。

除了這些成功的少數人，大多數人的努力都無法得到同等的回報，甚至沒人願意多看一眼。自己傾注了龐大時間與熱情的事，若無法得到他人的認同，原先對自我的肯定感就會被一步步地磨滅，也無法獲得自己想要的報酬。

「每個人都是獨一無二的」

如今，我們迎來了令和時代。

這樣的潮流一直持續下去，最終等待著我們的會是幸福嗎？

韓國的JYP娛樂（譯註：JYP Entertainment Corporation，簡稱：JYPE，是朴軫永於一九九七年十一月創立的藝人經紀公司，二〇一一年二月與J.Tune娛樂合併後成為上市公司，和SM娛樂、YG娛樂並列韓國三大娛樂公司）與Sony Music一起合作的

「Nizi Project」YouTube節目獲得廣大人氣。這是以打造全世界通用的日本女團為概念的選秀節目。

這個節目的魅力除了追逐夢想的女孩們不懈的努力之外，最吸引人的是製作人朴軫永（J.Y.Park）先生提出的「發展才能的方法」。

朴軫永先生認為「每一個人都是獨一無二的」，這個信念從未動搖過。因此，選秀時他選的不一定是唱歌或跳舞非常厲害的人。他的判斷標準是，這些人作為團體聚集在一起時，是否能表現出各自的個性，還有本人是否能發揮自身的特色。

朴軫永先生的哲學全濃縮在這一段話：

> 這個選秀只是配合某個特定目的，尋找符合該目的的人而已，跟各位是否特別無關。每個人都是獨一無二的，若非如此，我們就不會來到這個世上。

他用這段話來鼓勵因落選而夢想破滅的參賽者們。正因如此，這段話才深深地打動了我。在〈前言〉中我也提過，自己過去曾有過夢想破滅的經驗。

❖ 肯定有一個「屬於自己可以造福他人的領域」

全世界到底有幾％人實現了孩提時代的夢想，如今過著夢想中的生活呢？大半的人即使兒時的夢想「已經破滅」，卻無法全然捨棄，只能過著半吊子的日子。或是原本就沒什麼太大的夢想，甚至連夢想都不曾擁有過，這樣的平凡人應該才是多數吧。

即使如此，也不代表這些人就不特別。

正如朴先生那句話，「每個人都是獨一無二的，若非如此，我們就不會來到這個世上」。

本書就是要告訴你該如何發揮自己的力量。

答案就是「像行銷人那樣生存」。

從對方的需求出發，經常關注對方的需求，以造福對方為目標。

這裡所謂的「造福他人」並非指宗教或道德方面，而是重視事實與數據，在現實生活中真的對他人有實質的助益。而且，不是從事不收錢的慈善事業，而是將行銷的知識當作生存的智慧，在「造福他人」的同時，自己也能得到實質的回報。

如果真如朴軫永先生所說，每個人都是獨一無二的話，這世上肯定有一個「屬於自己可以造福他人的領域」。

對某個人而言，那個領域也許就是朴軫永先生的女團。對另一個人而言，或許是成為其他女團的成員，或是從事跟女團完全不同的其他事情。

無論那個領域是什麼，每個人都可以用屬於自己的方法，填補這世界所欠缺的那一塊。能幫助你真正實踐「造福他人」的方法，不是空談理想或是說冠冕堂皇的漂亮話，而是「像行銷人那樣生存」。

整體主義的時代

英文單字「wholeness」一般翻譯為「整體性」，這是沒有上司、下屬等上下關係的未來型「青色組織」（Teal organization）最重視的思維——重視個體，但個體與全體之間並非彼此對立，其特徵是個體成就全體、全體成就個體的互補關係。

正如我們的身體與器官，胃、腸、心臟、大腦都是無可替代的獨特「個體」，但每一個器官都不可能單獨存在。因為有名為身體的「全體」，「個體」才能存在，並擁有存在的意義。同時，「全體」也是因為有「個體」才能成立。即使是再小的臟器，如果失去功能，身體就無法運作。

這樣的關係正是「整體主義」（wholeness）。

整體主義和「全體主義」不一樣，兩者的差異如下：

- 全體主義：個人為了社會而存在
- 個人主義：社會為了個人的自我實現而存在

• 整體主義：社會成就個人，個人成就社會

本書的主張就是基於「整體主義」的思維。

歷經全體主義的昭和時代、個人主義的平成時代，我覺得接下來的令和時代應該是整體主義的時代。

昭和時代：全體主義＝個人應該為了社會的發展而拚命工作

↓

平成時代：個人主義＝做喜歡的事賺錢養活自己

↓

令和時代：整體主義＝以自己專屬的方式，填補世界拼圖欠缺的那一片

這世界一定有某一塊缺片，必須靠你來填補。

無論那是什麼，都是獨一無二的。

這不是故意討好的好聽話，也不是過度美化的理想，每個人都是獨一無二

的存在，這是無庸置疑的事實。

衷心祈望，各位都能找到這個世界中唯有你才能填補的那一塊領域。

參考文獻

【書籍】

《策略品牌管理》（*Strategic Brand Management*）、凱文・萊恩・凱勒（Kevin Late Leller）著、繁體中文版由華泰文化出版、2020年

《四騎士主宰的未來：解析地表最強四巨頭》（*THE FOUR: The Hidden DNA of Amazon, Apple, Facebook, and Google*）史考特・蓋洛威（Scott Galloway）著、繁體中文版由天下雜誌出版、2018年

《消費者行動論》田中洋／著、中央經濟社

《品牌戰略論》田中洋／著、有斐閣

《品牌的科學》（*How Brands Grow: What Marketers Don't Know*）拜倫・夏普（Byron Sharp）著、加藤巧／監譯、前平謙二／譯、朝日新聞出版（原出版社為：Oxford University Press）

《科特勒的行銷管理 基本篇》（*Marketing Management*）菲利普・科特勒（Philip Kotler）著、恩藏直人／監修、月谷真紀／譯、Pearson Education（原出版社為：Pearson）

《重塑組織》（*Reinventing Organizations: An Illustrated Invitation to Join the Conversation on Next-Stage Organizations*）弗雷德里克・萊盧（Frederic Laloux）著、鈴木立哉／譯、英治出版（原出版社為：Nelson Parker）

《新型態的時代：在新時代生存的24個思考、行動模式》山口周／著、鑽石社

《從0到1：打開世界運作的未知祕密，在意想不到之處發現價值》（*Zero to One: Notes on Startups, or How to Build the Future*）彼得・提爾（Peter Thiel）&布雷克・馬斯特（Blake Masters）著、繁體中文版由天下雜誌出版，2014年

【網站】只標示主頁的URL

「能量飲的市場：探尋市場急速成長的要因」Intage求知Gallery（www.intage.co.jp）

〈西野加奈的作詞訣竅是「市調」 比起自身的戀愛觀，我更重視大家的意見〉Sponichi Annex（sponichi.co.jp）

〈「2019年 日本的廣告費」解說：網路廣告費6年連續成長二位數，超越電視媒體〉電通報（dentsu-ho.com）

〈松下電器「宣傳廣告是一種義務」自創業以來始終貫徹這一點的理由〉AERA dot.（dot.asahi.com）

「隆納・雷根」（Ronald Wilson Reagan）維基百科（ja.wikipedia.org）

「[Nizi Project]Part1 ＃7-2」JYP Entertainment（youtube.com）

"Definition of Marketing", American Marketing Association（ama.org）

"Kaizen", Wikipedia（en.wikipedia.org）

"Krumboltz's theory", careers.govt.nz（careers.govt.nz）

"Retail therapy-How Ernest Dichter, an acolyte of Sigmund Freud, revolutionized marketing", The Economist（economist.com）

"Stanford Professor John D. Krumboltz, who developed the theory of planned happenstance, dies", Stanford Graduate School of Education（ed.stanford.edu）

TOP 017

我用行銷思維成為搶手的人才

像行銷人一樣思考，找到讓自己發光的獨特賣點，成為職場最強人才、翻轉人生

マーケターのように生きろ

「あなたが必要だ」と言われ続ける人の思考と行動

作　　者　井上大輔（Inoue Daisuke）
譯　　者　鄭淑慧
執 行 長　陳蕙慧
總 編 輯　魏珮丞
特約編輯　林美琪
行銷企劃　陳雅雯、余一霞、林芳如、尹子麟
封面設計　許紘維
內文排版　黃暐鵬

社　　長　郭重興
發行人暨出版總監　曾大福
出　　版　新樂園出版／遠足文化事業股份有限公司
發　　行　遠足文化事業股份有限公司
231 新北市新店區民權路108-2號9樓
電　　話　(02) 2218-1417
傳　　真　(02) 2218-8057
郵撥帳號　19504465
客服信箱　service@bookrep.com.tw
官方網站　http://www.bookrep.com.tw
法律顧問　華洋國際專利商標事務所 蘇文生律師
印　　製　呈靖印刷

初版一刷　2022年5月

定　　價　380元
I S B N　978-626-95459-6-4
9786269545988（EPUB）
9786269545971（PDF）

歡迎團體訂購，另有優惠，請洽業務部（02)2218-1417分機1124、1135

國家圖書館出版品預行編目(CIP)資料

我用行銷思維成為搶手的人才：像行銷人一樣思考，
找到讓自己發光的獨特賣點，成為職場最強人才、翻轉人生／
井上大輔著；鄭淑慧譯. －初版. －新北市：新樂園出版：
遠足文化事業股份有限公司發行，2022.05
304面；14.8×21公分. －（Top；17）
譯自：マーケターのように生きろ：
「あなたが必要だ」と言われ続ける人の思考と行動
ISBN 978-626-95459-6-4（平裝）
1.CST: 職場成功法 2.CST: 行銷 3.CST: 思維方法
494.35　　111003888